Anatocismo nei mutui

Le Formule Segrete

Eng. Das Warhe

ISBN-13: 978-1530622931
ISBN-10: 153062293X

Anatocismo nei mutui
Le Formule Segrete
Eng. Das Warhe

ISBN-13: 978-1530622931
ISBN-10: 153062293X

1ª Edizione 18 Marzo 2016

http://www.facebook.com/anatocismoneimutui

http://www.twitter.com/anatocismomutui

http://anatocismoneimutui.wordpress.com

Anatocismo nei mutui: Le Formule Segrete

*Permettetemi di emettere e gestire la
moneta di una nazione, e me ne infischierò di
chi ne fa le leggi.*
Mayer Anselm Rothschild (1744-1812)

*Hanno detto che le cifre governano il
mondo. Può darsi. Ma sono certo che le cifre ci
mostrano se è governato bene o male.*
Wolfgang Goethe (1749-1832)

*Ardo dal desiderio di spiegare, e la
mia massima soddisfazione è prendere
qualcosa di ragionevolmente intricato e
renderlo chiaro passo dopo passo. È il modo
più facile per chiarire le cose a me stesso.*
Isaac Asimov (1920-1992)

Sommario

Dedicato a tutti coloro che

non hanno lavoro

e a quelli a cui hanno

pignorato la casa!

Qualche volta sono gli stessi …

Questo libro vuole cambiare le regole che ci hanno tenuto nel buio fino ad oggi e vuole rompere le catene dell'ignoranza che stringono ed imprigionano chi non possiede la saggezza e la conoscenza.

D'ora in avanti, partiremo tutti da qui e potremo scegliere se restare nel buio dell'ignoranza o prendere la via della vera luce della conoscenza.

Eng. Das Wahre

Prefazione

Quello che state leggendo non è un romanzo, qui non si presentano né fiabe né leggende; qui vengono trattate esclusivamente verità fino ad oggi tenute nascoste. Questa opera dimostra matematicamente che nel piano di ammortamento (PDA) a rata fissa detto "alla francese" è sempre presente il fenomeno dell'anatocismo; la dimostrazione è eseguita mediante l'utilizzo della matematica, mediante leggi fondamentali della matematica come la legge di scindibilità, le progressioni geometriche e la differenza con quelle aritmetiche.

L'anatocismo lo dimostreremo tre volte, in tre modi differenti, considerando prima la formula con cui si determina la rata, esaminando poi la formula per il calcolo degli interessi e mostrando in ultimo quali sono le componenti degli interessi di una rata pagati che diventano capitale da ripagare nelle rate successive.

Tenga bene a mente il lettore i tre opzionali procedimenti di dimostrazione dell'anatocismo:

1) Partendo dalla legge di scindibilità e dalle progressioni geometriche dimostreremo che la rata è calcolata sempre in regime finanziario di capitalizzazione composta, che la formula per determinare la rata sottostà sempre alla legge di scindibilità e che per la legge di scindibilità nella rata sono sempre presenti interessi scaduti e capitalizzati nel futuro, ovvero anatocistici.

2) Partendo dalle progressioni geometriche e dalle formule per generare i piani di ammortamento dimostreremo che l'anatocismo è celato dietro le modalità standard di generazione del piano di ammortamento, per cui lo renderemo evidente utilizzando le formule segrete per il calcolo dell'interesse di rata in regime finanziario di interesse composto. In pratica, dopo aver calcolato la rata si devono determinare le quote capitale e poi le quote interesse, tutto in funzione esclusivamente della prima quota capitale e dell'interesse periodale, sempre in regime finanziario di interesse composto.

3) Partendo dalle quote capitali e dalle quote interessi dimostreremo, in regime di interesse composto, come avviene la trasformazione di quote di interesse di rate, pagate prima, che diventano quote di capitale ripagate nuovamente dopo.

Questo libro vuole provocare e stimolare sia le intelligenze che le coscienze degli arbitraggi bancari. Inoltre, vuole scuotere gli animi di chi ancora tentenna e non è del tutto convinto della presenza dell'anatocismo nei piani di ammortamento dei mutui, dei leasing e dei finanziamenti.

Questo libro è fondamentale per il professionista, dottore commercialista, ingegnere o avvocato che difende in Tribunale il cliente. Questo libro è fondamentale anche per il cliente che ha già acceso un mutuo perché qui viene mostrato come calcolare l'importo che l'erogatore del mutuo, del finanziamento o del leasing, ha "indebitamente" incassato e dovrebbe restituire.

Infine, questo libro è fondamentale per tutti coloro che vogliono valutare l'anatocismo nei contratti di mutuo, di leasing e di finanziamento proposti dalle banche e dalle finanziarie.

Qui si trovano le formule segrete per il calcolo della rata, delle quote capitali e degli interessi dei piani di ammortamento. Le formule segrete servono per dimostrare la reale costruzione dei piani di ammortamento. Queste formule svelano la presenza dell'anatocismo nei mutui, nei leasing e nei finanziamenti. Qualcuno alla fine del libro si potrà porre tre domande:

1) "…Ma anche nelle cartelle esattoriali[1] che ci manda Equitalia S.p.a.[2] sono presenti interessi anatocistici?"

2) "….E questi interessi dovrebbero essere restituiti?"

---

[1] Nella seduta del Consiglio dei Ministri Italiano il 22 settembre 2015 ha approvato definitivamente i decreti delegati di riforma del sistema tributario, estendendo anche alle cartelle esattoriali il divieto dell'anatocismo.

[2] *Equitalia S.p.A.* è una società italiana a totale controllo pubblico, incaricata della riscossione dei tributi su tutto il territorio. https://it.wikipedia.org/wiki/Equitalia

3) Gli interessi che le nazioni ed i propri cittadini hanno pagato e continuano a pagare alle Banche per il debito pubblico sono illegali?

Introduzione

Questo libro nasce dalla richiesta di un amico commercialista il quale necessitava di dimostrare che

"un piano di ammortamento (PDA) a rata fissa è anatocistico sempre".

Il mio amico, commercialista e revisore contabile, mi ha chiesto aiuto, vuole una dimostrazione che non sia opinabile, vuole una dimostrazione matematica, perché la matematica non è un'opinione, per dimostrare a tutti che le rate dei mutui a rata fissa sono illegali in tutte quelle nazioni dove è vietato l'anatocismo.

Un'azienda privata lavora per ottenere degli utili fornendo dei servizi e/o dei prodotti. Come le aziende private anche le banche e le finanziarie, per produrre utili, propongono ai loro clienti dei servizi e dei prodotti.

Questo libro non vuole destabilizzare il sistema bancario nazionale ed internazionale, ma nasce dalla necessità di dimostrare a tutti coloro che non lo sanno, a tutti quelli che non fanno parte del *gotha*[3] della conoscenza, che tutti i mutui con piano di ammortamento a rata fissa, detti "alla francese", contengono nei loro piani di ammortamento degli interessi anatocistici che, almeno per la legge italiana, sono illegali e non dovrebbero essere dovuti.

Dopo un breve incipit sul concepimento, sulla nascita e sul significato del titolo del libro, proseguiremo disquisendo sulla gestione legislativa dell'anatocismo nei paesi Europei, continueremo con le definizioni relative a interesse, capitale, interesse semplice, interesse composto (anatocistico), mutuo e piano di ammortamento, mostreremo la legge di scindibilità, le progressioni geometriche ed aritmetiche, le formule matematiche per determinare l'importo della rata e dimostreremo la principale formula segreta per generare un piano di ammortamento a rata fissa. Infine, dimostreremo matematicamente alcune formule e ne sveleremo quelle segrete. Renderemo pubblica la formula tenuta nascosta dal gotha della matematica che si occupa di finanza, mi riferisco alla formula segreta per il calcolo dell'interesse di

---

[3] In questo caso si fa riferimento alla èlite di persone che comanda

una rata. Questa formula segreta dimostra che **il mutuo con PDA alla francese con rata fissa contiene interessi anatocistici sempre.** Mostreremo, con un esempio, come *calcolare le somme che un ente creditore dovrebbe restituire al cliente* ed infine cercheremo di scuotere le intelligenze e le coscienze degli arbitrati bancari e non solo.

Parte 1 : L'INCIPIT

«Cristo è risuscitato dai morti.
Con la sua morte ha vinto la morte,
ai morti ha dato la vita»

(La Bibbia)

Capitolo 1: L'incipit

1.1   Il primo giorno...

È il 30-01-2016, è sabato sera, sono le 22.30, sto guardando la televisione. In Tv c'è Massimo Ranieri, sta cantando, è grandissimo, è con i ragazzi de "il Volo (The voices)", grandi, tutti grandissimi!!!

... Pubblicità, cambio canale, c'è il telegiornale, ascolto le notizie. In questo periodo, ci sono sempre le stesse notizie, niente di più e niente di meno che informazioni di tristezza, depressione, disperazione. Sono colpito, quasi fisicamente, come un pugno in pieno stomaco che ti lascia senza fiato, dall'ultima notizia, la più triste, la più macabra, la più insostenibile per un padre:

Un uomo in provincia di Perugia (Italia - Europa) si è tolto la vita lanciandosi da un cavalcavia. Qualcuno potrebbe dire, "*queste sono cose che capitano e sono sempre capitate*".

Quell'uomo, prima di suicidarsi aveva accoltellato la moglie, salva per miracolo, ed aveva ucciso i suoi due figli di 8 e di 13 anni, sgozzandoli. Tutto per disperazione,... senza lavoro, senza soldi, casa pignorata e *boom...* fulminato!!!!!

Ci sono situazioni nella vita di ognuno di noi che ci spingono a fare qualcosa che non avremmo mai pensato di fare prima. L'uomo che agisce lo fa non sempre in preda a delle pulsioni; nella maggior parte dei casi ci sono due *volontà* fondamentali che agiscono come motori propulsivi dentro di noi e sono:

- la volontà di avvicinarsi al piacere

- la volontà di allontanarsi dal dolore

Probabilmente, l'allontanarsi dal dolore, percepito forte prima e superato dopo, grazie alla volontà di allontanarlo, può cambiare le circostanze della vita fino a farci muovere ancora, spingendoci fino a farci avvicinare al piacere.

Qualche giorno fa è venuto a trovarmi un mio vecchio amico, lo chiameremo per privacy Andrea. È un Dottore Commercialista, anche Revisore Contabile, che si occupa da anni come Consulente Tecnico d'Ufficio (CTU), presso i Tribunali italiani, di consulenze legate a dispute su contratti di mutuo stipulati tra Banche e persone fisiche o aziende.

Come CTU si occupa in pratica di anatocismo e di usura bancaria sui conti correnti.

Qualche settimana prima era andato a trovarlo nel suo studio uno stimato avvocato con una sua cliente. La cliente, triste, depressa e disperata, si era rivolta al suo avvocato per capire cosa poteva fare, visto che non riusciva più a sostenere il peso della rata del mutuo bancario che aveva stipulato e pagato per i primi 21 anni; mancavano 4 anni all'estinzione del mutuo, ma era lunga….

In televisione tutti raccontavano che eravamo fuori dal tunnel della crisi e che in fondo al tunnel l'Italia vedeva già la luce… l'Europa e le sue banche avevano retto bene i problemi dei mutui *subprime* americani che qualche anno prima avevano iniziato a cambiare il mondo…. C'era la guerra in Siria da anni e da anni si spostavano famiglie di profughi di guerra per cercare una vita migliore, per loro, ma soprattutto, allontanandosi dal dolore, cercavano un futuro per i propri figli.

Tanti, Tantissimi hanno problemi di lavoro, in Europa, in Grecia, in Portogallo, in Spagna, ma anche in Italia, non solo in quella del sud, che qualcuno vede fuori dal tunnel… Mentre i profughi arrivano, rischiando di morire, per trovare una vita migliore, i giovani italiani, ma anche i laureati, ingegneri, medici e avvocati quarantenni, si spostano per cercare lavoro, vanno via, non solo dal sud al nord, ma sempre più verso l'estero. Mete preferenziali, Inghilterra, Australia, Canada.

Formati da scuole ed università italiane vanno via. Un capitale, tutto italiano, che si disperde all'estero…

A guardare le statistiche non sono solo i giovani che si spostano, ma ci sono sempre più famiglie che si allontanano dal dolore di una esistenza triste per cercare un lavoro ed un futuro migliore.

Attenzione, attenzione, siamo fuori dal tunnel…

Ma è incredibile amico lettore, se non lo sapevi, considera i pensionati, quelli italiani, 16.000 pensionati andati via dall'Italia dal 2010 ad oggi. Il 40% di loro ha una pensione inferiore a 1000 euro.

Come fanno a restare i pensionati in Italia, se dopo una vita di sacrifici, il livello di tassazione e la pressione fiscale su di loro supera il 20% ed è al quinto posto in Europa?

Ed infatti fuggono anche loro in Romania, Bulgaria e Canarie dove la vita è meno cara.

In totale 100.000 persone emigrate dall'Italia nel solo anno 2015.

Il mondo è in un continuo turbinio. Mi vengono in mente alcune lezioni universitarie, in particolare quelle sui principi della termodinamica.

"Nell'universo l'energia si conserva e nell'universo l'entropia[4] tende al massimo". Il secondo principio della termodinamica asserisce che l'entropia di un sistema isolato[5] lontano dall'equilibrio (termico)[6] tende a salire nel tempo, finché, alla fine, l'equilibrio non è raggiunto.

Come dire, evidentemente, alla fine tutto si aggiusta….. o come ebbe a scrivere in "*Fenomenologia dello spirito*"[7] il filosofo Georg Wilhelm Friedrich Hegel[8] : "*das wahre ist das ganze*".

---

[4] L'entropia è la misura del disordine o *caos* in un sistema, https://it.wikipedia.org/wiki/Entropia

[5] https://it.wikipedia.org/wiki/Sistema_isolato

[6] https://it.wikipedia.org/wiki/Equilibrio_termico

[7] https://it.wikipedia.org/wiki/Fenomenologia_dello_spirito

[8] Filosofo tedesco
https://it.wikipedia.org/wiki/Georg_Wilhelm_Friedrich_Hegel

In questo periodo tutti[9] hanno problemi economici e tornando alla signora, beh, 4 anni di rate da pagare sono veramente lunghi.

Il mio amico dopo aver tranquillizzato l'avvocato e la cliente si riserba di studiare le carte e di rifarsi vivo con la eventuale soluzione al caso.

Il commercialista studia le carte, valuta tutto, minuziosamente, analizza anche i casi di arbitrato bancario dello stesso tipo in Italia. Ricerca informazioni su Internet relativamente ai piani di ammortamento dei mutui, ai piani di ammortamento a rata fissa, a tasso fisso, in pratica PDA alla francese. Trova informazioni contrastanti e per la maggior parte non positive per la signora.

Sull'enciclopedia universale Wikipedia[10] l'anatocismo nei mutui con rata fissa e tasso fisso non esiste. Illustri professori universitari, consulenti di fama[11], bollano tutto come "un invenzione"[12], rifiutano fermamente questa "stupida invenzione per la quale i mutui a rata fissa, comprendono interessi che per l'Italia sono fuorilegge"[13]. Spingono su tutti i giornali dimostrandosi gran conoscitori della materia.

---

[9] Qui per tutti intendiamo la maggior parte della gente comune

[10] https://it.wikipedia.org/wiki/Ammortamento_a_rate_costanti

[11] https://www.cloudfinance.it/studi-e-ricerche/30-studi-e-ricerche-verifica-banche-equitalia/132-ammortamento-francese-e-anatocismo

[12] http://www.expartecreditoris.it/provvedimenti/ammortamento-alla-francese-non-viola-il-divieto-di-anatocismo-ex-art-1283-cc.html

[13] http://www.ildirittodegliaffari.it/upload/articoli/20151012031627_Relazione_quattrocchio.pdf

MUTUI BANCARI: È LEGITTIMO IL PIANO DI AMMORTAMENTO ALLA FRANCESE[14]

IL METODO NON IMPLICA ALCUNA CAPITALIZZAZIONE DEGLI INTERESSI, POICHÉ GLI STESSI VENGONO CALCOLATI UNICAMENTE SULLA QUOTA CAPITALE VIA VIA DECRESCENTE E PER IL PERIODO CORRISPONDENTE A QUELLO DI CIASCUNA RATA.

Tribunale di Benevento, dott.ssa Antonietta Genovese 19-11-2012 n.1936

MUTUI: L'AMMORTAMENTO ALLA FRANCESE NON IMPLICA ALCUNA CAPITALIZZAZIONE[15].

GLI INTERESSI VENGONO CALCOLATI UNICAMENTE SULLA QUOTA CAPITALE DECRESCENTE, PER CUI NON SI VERIFICA ANATOCISMO.

Tribunale di Pescara, dott.ssa Anna Fortieri 10-04-2014

---

[14] http://www.expartecreditoris.it/provvedimenti/mutui-bancari-e-legittimo-il-piano-di-ammortamento-alla-francese.html

[15]http://www.expartecreditoris.it/provvedimenti/mutui-l-ammortamento-alla-francese-non-implica-alcuna-capitalizzazione.html

MUTUO: L'AMMORTAMENTO ALLA FRANCESE NON COMPORTA CAPITALIZZAZIONE DEGLI INTERESSI[16]. CIASCUNA RATA COMPORTA LA LIQUIDAZIONE ED IL PAGAMENTO DI TUTTI ED UNICAMENTE DEGLI INTERESSI DOVUTI PER IL PERIODO CUI LA RATA STESSA SI RIFERISCE.

Tribunale di Siena, dott. Stefano Caramellino 17-07-2014

MUTUI BANCARI: GLI INTERESSI MATURATI NON VENGONO CAPITALIZZATI E LA QUOTA CAPITALE È DETERMINATA PER DIFFERENZA TRA LA RATA E LA QUOTA INTERESSI

ALLA SCADENZA DELLA RATA GLI INTERESSI MATURATI NON VENGONO CAPITALIZZATI, MA SONO PAGATI COME QUOTA INTERESSI DELLA RATA DI RIMBORSO DEL MUTUO, ESSENDO TALE PAGAMENTO PERIODICO DELLA TOTALITÀ DEGLI INTERESSI ELEMENTO ESSENZIALE E CARATTERIZZANTE, IN PARTICOLARE DELL'AMMORTAMENTO ALLA FRANCESE DOVE LA RATA COSTANTE E LA QUOTA

---

[16]http://www.expartecreditoris.it/provvedimenti/mutuo-l-ammortamento-alla-francese-non-comporta-capitalizzazione-degli-interessi.html

CAPITALE RIMBORSATA È DETERMINATA PER DIFFERENZA RISPETTO ALLA QUOTA INTERESSI;

Trib. Torino 17 settembre 2014 (Est. Dott. Enrico Astuni)

MUTUI: VALIDO L'AMMORTAMENTO ALLA FRANCESE IN QUANTO APPLICA L'INTERESSE SEMPLICE[17].

IN CASO DI INADEMPIMENTO, L'EFFETTO ANATOCISTICO PRODOTTO DAGLI INTERESSI DI MORA È NORMATIVAMENTE DISCIPLINATO E CONSENTITO.

Tribunale di Milano, dott.ssa Laura Cosentini 05-05-2014 n.5733

MUTUI BANCARI: NEL PIANO DI AMMORTAMENTO CON RATA COSTANTE GLI INTERESSI SONO CALCOLATI SECONDO LE REGOLE DELL'INTERESSE SEMPLICE

IL PIANO DI AMMORTAMENTO "ALLA FRANCESE" O "A RATA COSTANTE" UTILIZZA LA FORMULA MATEMATICA DELLA C.D. "LEGGE DI SCONTO COMPOSTO":

---

[17]http://www.expartecreditoris.it/provvedimenti/mutui-valido-l-ammortamento-alla-francese-in-quanto-applica-l-interesse-semplice.html

IN PARTICOLARE «TRATTASI DI FORMULA DI EQUIVALENZA FINANZIARIA, CHE CONSENTE DI INDIVIDUARE LA QUOTA CAPITALE DA RESTITUIRE IN CIASCUNA DELLE RATE PRESTABILITE, COSÌ CHE LA SOMMA DEI VALORI CAPITALE COMPRESI IN TUTTE LE RATE DEL PIANO DI AMMORTAMENTO SIA UGUALE AL CAPITALE MUTUATO, MA CHE NON VA AD INCIDERE SUL SEPARATO CONTEGGIO DEGLI INTERESSI, CHE RISPONDE ALLE REGOLE DELL'INTERESSE SEMPLICE, VENENDO CONTEGGIATO AD OGNI RATA SUL SOLO CAPITALE CHE RESIDUA DOPO LA RESTITUZIONE DI CAPITALE EFFETTUATO TRAMITE LE RATE PRECEDENTI»

Tribunale di Milano Trib. Milano 16 luglio 2015 (Est. Laura COSENTINI).

Gli unici che provano ad essere dalla parte della disperata gente sono:

qualche impavido avvocato, scrittore e blogger[18] che esprime anche in modo chiaro e conciso le sue tesi, associazioni[19] al servizio dei cittadini, che provano con

---

[18]http://marcodellaluna.info/sito/2015/07/26/i-mutui-bancari-sono-una-truffa-come-difendersi/

[19]Alcune associazioni a servizio dei cittadini come:
http://www.sosabusi.it, http://www.adusbef.it, http://www.codacons.it, http://www.federconsumatori.it

difficoltà ad aiutare la gente, appellandosi all'esito di poche sentenze a favore dei cittadini e qualche consulente che, spinto dalla sete di avidità, dichiara di far parte del *gotha* della consulenza contro le banche, per poi dimostrarsi nei risultati *ladrocinante* nei confronti dei clienti che sbagliano, affidandosi a loro in buona fede, perché spinti dalla volontà di allontanarsi dal dolore e di recuperare i soldi degli interessi versati in più ed ormai persi.

Il commercialista non vuole demordere, qualche vittoria[20] contro le *"banche che comandano il mondo"* c'è stata, ma è una goccia d'acqua in mezzo al deserto del Sahara. Incontra qualche suo collega per capire cosa ne pensa e tra una battuta ed un'altra, un suo amico vecchio quanto saggio e massone lo folgora così: *"Carissimo, come sai già, molti si sono spinti a cercare di dimostrare che le Banche operano in maniera illegittima e che il piano di ammortamento a rata e tasso fisso è contro legge perché presenta interessi composti ed anatocistici; molti illustri professori universitari, specie quelli che si occupano di matematica finanziaria conoscono la materia, le formule e come ben sai, molti di loro sono anche consulenti di Banche, Finanziarie ed Assicurazioni; Come sai anche bene, essendo l'Università ed i suoi professori, in Italia, una corporazione, quasi una lobby, non si mettono mai uno contro l'altro...*

E poi, te lo immagini cosa succederebbe in Italia, in Europa o nel mondo, in particolare in quegli stati dove l'anatocismo è vietato per legge, se si stabilisse che il mutuo, quel tipo di mutuo che è il più usato nel mondo e che fa fruttare miliardi di euro alle Banche,

---

[20]http://www.adusbef.veneto.it/sentenza-ammortamento-alla-francese-tribunale-isernia

quello con piano di ammortamento alla francese, è illegale perché è funzione di interessi composti calcolati in modo anatocistico?

Non succederà mai. Ma ipotizzando che succeda, a quel punto le banche troverebbero un nuovo prodotto finanziario e non succederebbe quello che immagini. Non cadrebbe il sistema dei prestiti, dei leasing, dei mutui e non cadrebbe nemmeno il sistema dello strozzinaggio fatto da Equitalia Spa e dalle sue cartelle esattoriali pazze che presentano un piano di ammortamento alla "francese"!

Io non so dimostrare mediante le giuste formule che ci sono interessi anatocistici, anche se ho sentito dire da qualcuno che l'anatocismo c'è!

Ma se anche qualcuno sapesse dimostrare queste formule segrete non gli converrebbe dirlo, si dovrebbe guardare costantemente le spalle, non converrebbe né a lui, né alla sua famiglia, né ai suoi cari perché le Banche, chi le governa e chi le possiede non perdonano!

Ti sei mai chiesto perché si fanno delle leggi nazionali e sovranazionali per dimostrare la legittimità dell'operatività delle banche anche quando hanno operato in modo truffaldino? Hai mai pensato perché si parla di creare una Bad Bank per salvare delle banche private fallite che hanno operato male ed i cui debiti ricadono sul groppone di tutti i cittadini, mentre se avessero operato bene, producendo utili, gli utili non sarebbero stati ripartiti su tutti i cittadini ma solo sui loro proprietari....

Ma tu lo sai che i politici pagano commissioni bassissime alle banche e che hanno le convenzioni sui mutui a tasso agevolato rispetto a tutti gli altri poveri cristi. Ma tu lo sai che la Banca d'Italia è una banca privata? E che lo è anche la Banca Centrale Europea, la BCE? Ti sei chiesto perché ? Caro amico, come diceva

Newton: «Ciò che sappiamo è una goccia, ciò che ignoriamo un oceano![21]» Ed inoltre «Plus ça change, plus c'est la même chose'[22]».

Pensa alla salute, pensa ai tuoi problemi, fatti la tua vita da consulente, se nessuno ti tocca pensa ai fatti tuoi, vola basso e stai rilassato!'.

Avete mai letto con attenzione le parole della canzone "Quali alibi"[23] del cantautore italiano Daniele Silvestri? beh, se non l'avete ancora fatto, fatelo, impressionanti... Le parole del "vecchio saggio" sembravano quelle del dialogo di un film di Hollywood basato su "Wall Street"[24], tipo quelli famosi con Michael Douglas oppure uno di quelli di intrighi internazionali, tipo *"Il Santo"*[25], dove il tema era "tenere nascoste le formule che potevano rivoluzionare il mondo".

Il commercialista era un pò perplesso, si chiedeva insistentemente: *"Ma può davvero una formula rivoluzionare il*

---

[21] Frase di Isaac Newton

[22] Citazione di Jean Baptiste Alphonse Karr (1808 – 1890), scrittore francese. *"Più le cose cambiano, più restano le stesse"*

[23] Daniele Silvestri è cantautore italiano, il ritornello della canzone "Quali alibi" dice: "Zitto zitto, fai finta di niente!". Il video della canzone si può trovare al seguente sito internet https://www.youtube.com/watch?v=jbdRrJHfOUA

[24] "Wall Street" è un film del 1987 diretto da Oliver Stone, prodotto negli USA dalla 20th Century Fox, che valse l'Oscar come miglior attore a Michael Douglas.

[25] "Il Santo" è un film del 1997 diretto da Phillip Noyce con Val Kilmer. È basato sul personaggio di Simon Templar, nato dalla penna di Leslie Charteris nel 1928.

mondo, migliorarlo, anche se non è una formula per generare energia in maniera accessibile e gratuita per tutti?

E se si scoprisse la formula, quella che libera dalle catene della schiavitù che imprigionano chi non possiede la conoscenza di ribellarsi al sistema di costrizione in cui il mondo è ormai ridotto? A quel punto chi giudica sarebbe dalla parte della legge, della gente, della formula? E se questa formula riuscisse a far deviare, finalmente, tante vite umane dalla identica corsa del topo[26] che ogni giorno ripetono fino a farli fallire?"

Il mio amico, è uno tosto, uno che non demorde, ma questa volta la storia non appare andare per il meglio. Non riesce a trovare una dimostrazione valida, e se non riesce a trovarla lui, come potrebbe un *giudicante* dargli ragione in una causa?

Per generare delle idee e trovare delle soluzioni o per risolvere un problema, almeno in apparenza irrisolvibile, si ricorre spesso al *brainstorming*, questo è lo strumento ideale se si è in gruppo; se si è da soli e non ci arriviamo, o facciamo riferimento alla nostra connessione intima con l'Assoluto oppure andiamo a cercare un vecchio amico con cui ci si sente magari una o due volte all'anno quando si hanno dei problemi di non semplice risoluzione, per ragionare insieme.

---

[26] Qui si fa esplicito riferimento all'espressione utilizzata dal Robert T. Kiyosaky autore del libro "Padre Ricco, Padre Povero"(versione italiana di "Rich Dad Poor Dad"). Dello stesso autore suggeriamo "La Cospirazione dei Ricchi" ediz. Gribaudi.

Prima di richiamare il suo amico avvocato e la sua cliente per rispondere di non aver trovato una soluzione valida, mi chiama, mi racconta il tragitto che lo ha fatto approdare alla sua ultima spiaggia e viene a trovarmi subito dopo cena. Suona al campanello, lo invito ad entrare, è di casa, sale le scale e ci accomodiamo nel salone, davanti al caminetto acceso, scintillante, scoppiettante e ad un buon bicchiere di vino. Il suo *incipit* è il seguente:

"Bello mio, c'è una signora a cui stanno pignorando la casa, la vogliono buttare fuori da quella che è stata la sua casa per 21 anni, l'aveva comprata per viverci per il resto dei suoi giorni. Ha pagato le rate del mutuo per 21 anni ed ora che è in difficoltà la prendono e la buttano in mezzo ad una strada. È venuta da me con il suo avvocato. Lo sai anche tu, "la prima regola del business è proteggi il tuo investimento"[27]. Quando è venuta da me, la sua storia mi ha colpito come un pugno allo stomaco. Io da qualche settimana non riesco a dormire bene, mi è stato chiesto di risolvere un problema che si basa sulla matematica finanziaria, materia in cui lo sai, io sono un esperto. In particolare devo dimostrare che c'è l'anatocismo nei mutui alla "francese" e che quindi questi mutui sono tutti illegali per la legge italiana, perché l'anatocismo in Italia è illegale. Purtroppo non ci riesco, oppure veramente non esiste l'anatocismo, mi servirebbe il tuo aiuto per districarmi in questo dilemma!"

Ed io :*"Fammi capire meglio"*, e lui: *"Ci conosciamo ormai da anni, so che sei un Ingegnere, una persona seria, un professionista, sei la persona più eclettica che conosco, so che quando dici una cosa la mantieni, sempre, so che quando hai un compito da portare*

---

[27] Etiquette of the Banker, 1775

avanti lo fai sempre nel migliore dei modi possibili, in maniera efficace ed efficiente, sempre!"

E continua: *"Amico mio, io ho la sensazione che i mutui a rata e tasso fisso siano illegittimi, secondo me l'anatocismo c'è. Ho studiato le formule ma non riesco ad arrivare fino in fondo alla soluzione, non trovo una dimostrazione matematica o una formula che lo evidenzi in maniera chiara ed evidente anche a chi di matematica non ne capisce molto. <u>Mi serve una dimostrazione valida, una formula, la formula segreta che sveli come nel piano di ammortamento alla francese sia presente una componente di interesse, di una rata scaduta, che è utilizzata e capitalizzata nelle rate successive per generare altri interessi, questo è l'anatocismo.</u> Se riusciamo a dimostrarlo, cambiano tutte le regole, cambiano le cose, restiamo nella storia positiva d'Italia, cambia il mondo e cambieremo anche noi."*

Ed io: *"Per aiutarti mi serve un input, partire da un'idea…Se tu hai una mela e io ho una mela e ce le scambiamo, abbiamo sempre una mela per uno. Ma se tu hai un'idea e io ho un'idea e ce le scambiamo, allora abbiamo entrambi due idee."* [28]

Ed Andrea: *"Capisco"*.

Il consulente che è in me: *"Quanto tempo ho, per quando dobbiamo trovare la soluzione?"*

E lui: *"Se la soluzione c'è, prima è, meglio è!"*

Ed io: *"Se formula con la dimostrazione c'è, lo sai, io te la trovo e te la faccio avere!"*

Allora il commercialista mi risponde: *"Se trovi la formula, è necessario farla conoscere a tutti, dobbiamo pubblicare un libro, dobbiamo pubblicizzare tutto sui giornali, su Internet, tutti devono*

---

[28] Citazione di George Bernard Shaw

sapere tutto e dobbiamo fugare ogni dubbio sulla presenza dell'anatocismo a chiunque, agli ignoranti, agli scettici ed anche ai qualunquisti[29]!". Vedo il mio amico soddisfatto del nostro incontro e nello stesso tempo è fiducioso che sarà fatto tutto il possibile. Ci rivedremo tra qualche giorno, nella prossima settimana per potergli dare un responso.

Sono un ingegnere, sono nato in Svizzera ma ho origine tedesca, anzi per la precisione, ho sangue metà tedesco e metà italiano; con mio padre, Ing. Wahre Ganze, originario di Dusseldorf, e mia madre ci siamo trasferiti in Italia circa 45 anni fa dalla Svizzera, quando io ero piccolo ed in Italia, gli anni del boom economico erano oramai finiti, iniziava il declino che non si è ancora fermato. Sono nato in un paesino vicino Zurigo agli inizi degli anni sessanta. A quei tempi era facile vedere cartelli con la scritta "Vietato ai cani e agli italiani".[30] Mia madre era nata da genitori calabresi in Calabria. Lei era partita con la sua famiglia e con estrema sofferenza era riuscita a trovare un lavoro in Svizzera. Mi aveva sempre raccontato che la terra di Calabria, terra del sud Italia, non ha eguali al mondo.

Il nome alla nazione Italia, per chi non lo sapesse, è stato dato nell'antichità in onore del re Italo[31], che governava proprio le terre della Calabria.

---

[29] Chi professa o dimostra indifferenza o disprezzo nei confronti degli impegni e dei problemi del momento, specialmente problemi politici e sociali.

[30] http://www.swissinfo.ch/ita/immigrazione-da-sud_-vietato-ai-cani-e-agli-italiani--/8959576

[31] https://it.wikipedia.org/wiki/Etimologia_del_nome_Italia

La Calabria è la terra da cui sono sempre partite intere popolazioni per trovare una vita migliore ed una più serena esistenza, lontana dagli stenti e dalle difficoltà insostenibili. In effetti, dopo averci vissuto per un ventennio ed aver poi girato tre quarti del globo, posso affermare che è tra i posti più belli del mondo, c'è il sole sempre splendente, c'è un mare cristallino, c'è la montagna aspra e forte. Tutti sono cordiali, ti danno anche il cuore…..si mangia benissimo e posso assicurare che i calabresi hanno la testa dura, anche più dura dei tedeschi, non mollano mai e, se hanno una occupazione, sono lavoratori instancabili e persone per bene, ben voluti in tutto il mondo.

Dopo anni di viaggi per il mondo, ho deciso di ritornare qui; ho scelto di invertire il paradigma, non voglio più andare via; voglio lavorare e vivere dove mi sento bene, anzi, benissimo. Questa regione, con la sua cultura, i suoi antichi reperti greco-romani, le sue bellezze ed i suoi territori, dovrebbe essere il volano ed il fulcro per il turismo mondiale nel mediterraneo, l'Abu Dhabi o la California d'Italia.

Come detto, ho girato il mondo in lungo e in largo, mi occupo da più di 15 anni di progettazione di impianti nel campo delle energie rinnovabili e sono da più di qualche decennio consulente presso banche e assicurazioni nazionali e multinazionali. Ragionandoci bene, qui il problema ce l'ho io, anche se sono un consulente, ho un conflitto di interessi; non posso essere consulente di banche ed assicurazioni e poi pubblicare formule o addirittura un libro che potrebbe essere utilizzato come una spada di Damocle. ….Ma prima di tutto ci ragiono e poi se ne riparla e gli faccio sapere. Parte così lo studio e due giorni dopo…

1.2   Il terzo giorno…

Il terzo giorno, due giorni dopo l'incontro, dopo aver studiato le carte del commercialista, dopo essermi focalizzato sul suo problema, lo chiamo al telefono: *"Carissimo Amico mio buon pomeriggio, nel tempo che ho potuto utilizzare, mi sono dedicato al tuo problema sui piani di ammortamento a rata fissa alla francese. Ti chiamo perché ho individuato delle formule, te le posso passare, ma ragionando su tutto, complessivamente, beh, diciamo che non me la sento di pubblicarle. In questo tipo di piano di ammortamento ci sono gli interessi composti, lo sanno tutti, ma c'è anche l'anatocismo, anche se non sono evidenti le sue tracce a meno che non esplicitiamo ancora di più le formule individuate".* E lui: *"Ed allora esplicitiamole queste formule, rendiamole evidenti a tutti, no?".* Ed io a lui:*"Amico mio, il senso e l'importanza dei tuoi auspici nel vedere che le cose vadano secondo la Legge hanno la mia profonda stima e dimostrano un animo nobile. Ma…",*

ed Andrea a me: *"Sai che mi hanno detto, anche se noi mostriamo a tutti quelli che stanno pagando un mutuo ed a quelli che devono giudicare una controversia bancaria, che l'ente che eroga il credito opera nell'illegalità, in poco tempo la politica si muoverà per abrogare le leggi che già oggi vengono addirittura ignorate, facendo regnare lo status quo con la scusa che siamo di fronte ad una illegittimità non del tutto evidente. Una volta resa evidente l'illegittimità, chi di dovere si muoverà per renderla legittima definitivamente. Sai, ultimamente sono bravi con rendere le leggi retroattive … Capisco anche la tua perplessità, ti vedo un pò titubante, ti stai anche ponendo davanti ad un conflitto di interessi, ma il conflitto d'interessi è più evidente di quanto immagini!".*

Ed io: *"In che senso?"*.

Il mio amico: *"Sai che sono ligio al dovere e che rispetto i crismi della deontologia. Quando ho incontrato quella signora mi ha detto una frase strana che mi ritorna sempre in mente, tutte le notti,…. «Dottore», dice, «ho sofferto troppo, sono stanca di continuare a soffrire, Voglio smettere di essere vittima, Voglio diventare l'Avversario!»*

Te lo devo dire, non posso tenertelo più nascosto; non ci dormo più la notte, quella signora, quella che ha i problemi con il mutuo, è una tua parente stretta, è quella signora che qualche anno fa ha avuto quel problema gravissimo con il marito che ora non c'è più …
"

Andrea con le sue parole mi ha folgorato, mi ha steso, ha ridotto sensibilmente il mio classico ottimismo da consulente. Le mie precedenti sensazioni di perplessità si stanno trasformando, mi stanno rivenendo in mente ricordi incancellabili, si pongono davanti ai miei occhi i problemi della mia consanguinea, è una parente stretta, molto stretta, strettissima ed ha avuto problemi seri, serissimi, con suo marito che ora non c'è più …

Mi ricordo, ricordo le parole che le avevo detto qualche anno fa. Ricordo il passato, mi passano per la testa tante cose, tanti pensieri, qualcuno devastante, ho delle sensazioni che non mi piacciono, i pensieri mi stanno modificando, sento salire un senso di profonda tristezza mista a rabbia, la tristezza rapidamente muta in rabbia e la rabbia aumenta diventando voglia di rivalsa.

1.2.1 Le sensazioni interne...

Mi riviene in mente quando, circa 30 anni fa, stavo studiando per l'esame di chimica all'Università.

All'epoca i cellulari iniziavano ad essere presenti nel mondo, nella vita delle persone normali, ma ancora non facevano parte della mia ...

Ero solo, in una casetta sperduta, in un paese sperduto di provincia, in uno sperduto sud Italia. Cucinavo, mangiavo da solo, studiavo da solo, per giorni interi non parlavo con nessuno se non con mia madre, ogni due o tre giorni, per cinque minuti; la chiamavo da un telefono a schede, quelli obsoleti ed oramai antichi, i famosi telefoni rossi della Telecom. La chiamavo per farla stare tranquilla, stavo ancora studiando lontano da casa ...

Contatti con il mondo fisico, reale, nessuno ... mi stavo preparando, stavo cercando dentro di me la voglia di parlare all'esame di chimica. Stavo studiando, sapevo che dovevo raggiungere l'obiettivo ed almeno dieci volte al giorno ripetevo, come un mantra, tra me e me, sempre la stessa frase: *"Chi vuole una cosa, più di ogni altra, con tutto se stesso, e si muove per ottenerla, quella cosa la otterrà, perché al mondo le cose non si succedono per caso!"*.

Era luglio, avevo trascorso i primi 15 giorni studiando 14 ore al giorno ma non bastavano, dovevo studiare ed impegnarmi di più, mi servivano almeno 16 ore di studio per ripetere tutto nei restanti 15 giorni, ero fortemente focalizzato sull'obiettivo.

Mi alzavo alle 6,30 ed andavo a letto alle 01,30 del giorno dopo. Iniziavo la giornata facendo bollire dell'acqua calda e la terminavo facendo bollire dell'acqua calda. La mattina appena alzato, mentre l'acqua era sul fornello per essere riscaldata, andavo in bagno, tornavo e l'acqua ormai era bollente e da utilizzare per la camomilla.

Durante la giornata mi alzavo dalla scrivania solo per andare in bagno. Il lettore potrebbe anche non crederci, ma lo ammetto, mi portavo il libro di chimica anche in bagno. Sempre di fretta, a pranzo bollivo l'acqua per il famoso pasto dello studente della mia epoca, pasta e tonno in scatola. La sera uova bollite, durante il giorno, solo camomilla.

Si, la camomilla, prendevo due litri di camomilla al giorno per redimere l'ansia da prestazione, ero focalizzato …

Forse troppa focalizzazione, forse troppo tonno, troppa pasta o troppe uova, forse troppa camomilla o troppa ansia, una mattina mi alzo e come dice la mia nipotina Maria di 3 anni "*bleauhw*"[32], mi sento salire dallo stomaco dei conati, pulsioni interne alle quali non posso non reagire … e "*bleauhw*"….

Facendola breve, un'estate degli anni ottanta, dopo aver passato lo scritto, ho fatto l'esame orale di chimica in un'aula con 200 posti a sedere tra le 21:00 e le 21:30 di un caldissimo 31 luglio, il voto non è stato dei migliori, ma l'obiettivo era stato raggiunto.

Naturalmente quando mezz'ora dopo, alle 22:00, ho chiamato a casa per raccontare della felice notizia, mia madre, con un tono di voce stupito e con la solita verve

---

[32] Maria, la mia nipotina di tre anni con la parola "*bleauhw*" vuole dire "Zio, che schifo!"

della madre che dubita, mi fa: "Figlio mio, ma ti sei ubriacato?". Nonostante i tentativi di persuaderla, si convinse, da sola, solo il giorno dopo, guardando il voto dell'esame sul libretto universitario.

In pratica, dopo le parole del commercialista, la mia sensazione era un misto tra il "*bleauhw*" di mia nipote e quello che il celebre scrittore, autore[33] e creatore del "Commissario Montalbano", farebbe dire ad un suo personaggio: "*Dottore, dopo quello che mi hai detto, mi stanno girando talmente tanto i cabasisi che sto quasi decollando ….*". Queste due espressioni rappresentano bene la mia sensazione interiore, che sta degenerando.

E dico al mio amico: "*Io ti ringrazio per avermi esplicitato tutto, quasi, quasi, mi stavo tirando indietro. Ho capito, tutto, anche i problemi a cui ti riferivi… ecco perché mi dicevi che non volevi farti pagare la consulenza. Come non detto, il libro va fatto e vanno svelate le leggi segrete dell'anatocismo! Stop!*

Il libro non può essere di matematica pura, altrimenti non ci capisce niente nessuno. Le persone vogliono spiegate le cose con gli esempi. Racconteremo cosa succede dal punto di vista legislativo in Italia e nel resto d'Europa. Inizieremo con delle definizioni. Poi daremo la formula segreta fondamentale che mostra gli interessi illegali, continueremo con ulteriori definizioni, con delle formule e delle descrizioni chiare. Il gotha della matematica queste cose le sa già, ma renderemo tutto chiaro ed esplicito per il cittadino comune e per colui che deve aiutare a far giudicare; le formule segrete dell'anatocismo nei mutui a rata fissa saranno lapalissiane, le dimostreremo in modo adamantino, incontrovertibile. Sarà compreso anche da quelli che non vogliono capire!"

---

[33] Andrea Camilleri

Ed il commercialista: *"Va bene, ed allora, ripartiamo! Scrivimi tutto quello che non ti è chiaro e su cui vorresti degli ulteriori input per ripartire in una email, ed io ti rispondo al volo!".*

Capitolo 2: La disciplina dell'anatocismo nei principali paesi europei[34]

2.1   Un problema globale che tocca tutti

L'argomento che stiamo trattando ha importanza globale anche perché il mutuo (leasing o finanziamento) a rata fissa è uno dei principali prodotti venduti dalle banche in tutto il mondo. Il presente capitolo è stato estratto dal sito pubblico della camera dei deputati d'Italia[35] e vuole mostrare come è stato regolamentato l'anatocismo nei principali paesi europei fino al 2014. Questo argomento è giudicato in modo differente in Europa, anche se in diversi stati è considerato come operazione illegale.   Si invita il lettore interessato ad approfondire a seguire e studiare i *links* di riferimento delle normative di seguito riportate. Questa trattazione non vuole essere esaustiva ma vuole essere uno spunto per lo studioso. Questo capitolo vuole inoltre evidenziare come i regolamenti e le normative vigenti fino ad ora sono stati focalizzati nella maggior parte dei casi sul calcolo degli interessi nei conti correnti senza spingersi più del dovuto nel *campo minato* dei mutui.

---

[34] Informazioni prese dal sito internet della camera dei deputati italiani informazioni aggiornate a mercoledì, 9 luglio 2014

[35]http://www.camera.it/leg17/561?appro=app_la_disciplina_dellanatocis mo_nei_principali_paesi_europei

2.2 Diritto comparato

Per una presentazione generale sulla normativa in materia di anatocismo nei paesi europei si veda:

Institut für finanzdienstleistugen e. V. (IFF) e Zentrum für Europäische Wirtschaftsforschung GmbH (ZEW), "*Study on interest rate restrictions in the EU*"[36] (**2010**).

[Cfr. in particolare: il paragrafo 1.3.2. "***Anatocism and compunding***", pp. 94-100, in cui è presente la Tabella "***Overview of rules on anatocism in the EU***"].

"*La capitalizzazione degli interessi bancari*".[37] Studio di diritto comparato (Francia, Germania, Inghilterra, Spagna), a cura di K. Roudier, V.Keil, G. Scaccia, P. Passaglia, T. Giovannetti, C. Guerrero Picò – Collana Studi e ricerche di diritto comparato della Corte costituzionale (maggio **2007**).

2.3 Francia

Normativa

L'anatocismo (*anatocisme*) è disciplinato in Francia dall'**art. 1154**[38] del **Codice civile**. L'articolo dispone che gli

---

[36] http://ec.europa.eu/internal_market/finservices-retail/docs/credit/irr_report_en.pdf

[37] http://www.cortecostituzionale.it/documenti/convegni_seminari/CC_SS_Capitalizzazione_interessi_bancari_05012011.pdf

[38] http://www.legifrance.gouv.fr/affichCodeArticle.do;jsessionid=EEB5A9F34D2BF099F7180246A94CEF55.tpdjoo9v_2?idArticle=LEGIARTI000006436422&cidTexte=LEGITEXT000006070721&dateTexte=20140707

interessi di un debito, scaduti ma non pagati, possono essere capitalizzati, divenendo dunque produttori di interessi, a condizione che siano dovuti almeno per un anno. L'anatocismo, ossia la capitalizzazione degli interessi scaduti su un capitale, può essere stabilito o con domanda giudiziale (*anatocisme judiciaire*) o per effetto di una convenzione speciale (*anatocisme conventionnel*).

Documentazione

S. Bernheim-Desvaux, "*Clause d'anatocisme ou de capitalisation des intérêts*", in "Contrats Concurrence Consommation", n. 6, giugno **2014,** form.6

C. Bragantini-Bonnet, "*L'anatocisme conventionnel*", in "La Semaine Juridique Notariale et Immobilière", n. 28, 11 luglio 2008, 1240.

2.4   Germania
Normativa

In Germania, la capitalizzazione degli interessi è disciplinata in particolare da due disposizioni. La prima è il § § 248 del **Codice civile** tedesco (*Bürgerliches Gesetzbuch* - BGB), la seconda è il § § 355[39] del **Codice del commercio** (*Handelsgesetzbuch* – HGB).

Il comma 1 dell'articolo 248 stabilisce che è nullo l'accordo concluso anticipatamente (vale a dire prima della scadenza) in base al quale agli interessi scaduti si applicano nuovi interessi. Scopo di tale divieto è di evitare un

---

[39] http://www.gesetze-im-internet.de/hgb/__355.html

eccessivo accumulo d'interessi in caso di ritardi nei pagamenti.

Il Codice civile prevede, tuttavia, delle eccezioni: il comma 2 dell'articolo 248 stabilisce che le casse di risparmio (*Sparkassen*), gli istituti di credito e i titolari di attività bancarie possono preventivamente pattuire che gli interessi non riscossi dei depositi debbano valere come nuovi depositi produttivi di interessi. Gli istituti di credito autorizzati ad emettere obbligazioni al portatore produttive di interessi per l'ammontare dei mutui da loro concessi, possono farsi promettere preventivamente su tali mutui la corresponsione di interessi sugli interessi arretrati.

Il § 355, comma 1, del Codice del Commercio stabilisce che se una persona intrattiene con un imprenditore un rapporto di affari in base al quale sorgono pretese e obblighi reciproci, vengono imputati interessi sul conto e viene effettuata periodicamente la compensazione fra i rispettivi crediti e debiti, in modo da accertare l'eccedenza a favore dell'uno o dell'altro contraente (conto aperto, conto corrente); in tal caso colui che risulta avere un'eccedenza può richiedere, a partire dal giorno in cui è stato effettuato il saldo, gli interessi su tale importo, anche se nel conto è già compreso il computo degli interessi. Il conto può essere chiuso in ogni momento, anche durante il periodo di decorrenza dello stesso, con la conseguenza che colui che ha maturato un'eccedenza può richiederne il pagamento immediato.

Infine, l'articolo 497[40], comma 1, del Codice civile stabilisce che se il mutuatario è in mora con i pagamenti dovuti sulla base del contratto di mutuo, deve

---

[40] http://www.buzer.de/gesetz/6597/a92163.htm

corrispondere gli interessi sulla somma dovuta ai sensi dell'art. 288, comma 1 del Codice civile. Nel singolo caso il mutuante può provare un danno maggiore o il mutuatario può provare un danno minore.

2.5   Regno Unito
Normativa

Nel Regno Unito, la disciplina della capitalizzazione degli interessi non è materia di previsioni di legge, ma ha fonte preminente nell'**autonomia contrattuale,** in linea con una tradizione giuridica che vede affidata soprattutto al diritto giurisprudenziale (*common law* ed *equity*), e in misura solo residuale allo *statutory law,* la regolazione dei rapporti di diritto privato patrimoniale.

La corresponsione di interessi, siano essi derivanti da obbligazioni pecuniarie oppure da obblighi di risarcimento del danno, ha assunto, nell'evoluzione storica, forme e statuti diversi. Preclusa, in origine, sulla base di motivazioni etico-religiose (in virtù della "*no interest rule*" vigente nell'esperienza giuridica medievale), essa si è storicamente delineata, nell'elaborazione giurisprudenziale, quale istituto tipico dei rapporti patrimoniali. La sussistenza del relativo obbligo in capo al debitore è stata, infatti, riconosciuta dalle corti principalmente in due casi: quando ciò fosse disposto dal contratto oppure previsto dagli usi commerciali applicabili al rapporto dedotto. La deroga al tradizionale divieto si è poi consolidata, nel XIX secolo, nella giurisprudenza della *House of Lords,* che ha attribuito portata generale all'obbligo di corrispondere interessi non limitandolo ai profili risarcitori correlati al ritardato pagamento di un debito.

Sul versante legislativo, l'erosione della tradizionale regola preclusiva degli interessi si è avuta per effetto di disposizioni introdotte a metà del XIX e nel corso del XX secolo, che hanno ammesso la liquidazione giudiziaria di interessi pecuniari in una varietà di casi, riferiti ai debiti derivanti da inadempimento, da risarcimento del danno, da imposte non pagate, dall'applicazione di lodi arbitrali. In mancanza, tuttavia, di una disciplina organica, la materia è sottoposta al principio **della libera pattuizione tra le parti** e alla discrezionalità attribuita alle corti (salvi i limiti propri della giurisprudenza di *equity* in ordine alla fattispecie giustiziabili) circa l'individuazione del tasso d'interesse applicabile. Ciò rende ragione della complessità dei criteri utilizzati nel Regno Unito per la determinazione degli interessi, nonché della estrema variabilità dei medesimi, segnalata dalla *Law Commission* al legislatore (da ultimo nel 2004) nella prospettiva di perseguire una maggiore uniformità in materia.

Del pari, non è data una definizione normativa del tasso d'interesse usurario; tale soglia è stabilita dalla giurisprudenza in sede di applicazione delle disposizioni di tutela dei consumatori e di controllo delle **condizioni generali dei contratti di credito al consumo** (in applicazione del *Consumer Credit Act 1974,* come modificato nel 2006). Fatta eccezione per il limite della *unfair relationship* posto all'autonomia contrattuale (peraltro sovente aggirato, nella prassi, attraverso l'offerta alla volontaria sottoscrizione del contraente debole di *payment protection insurances,* ovvero di polizze assicurative concernenti il debito contratto a seguito del finanziamento erogato), la sussistenza del diritto agli interessi riferito ad un'obbligazione pecuniaria si correla, di norma, all'applicazione di **interessi sia semplici che composti** (*compound interests*).

Oltre agli accordi che espressamente prevedono la corresponsione di interessi composti, hanno validità, alla stregua di clausole implicite, gli **usi commerciali,** che integrano la disciplina contrattuale qualora non contenga previsioni al riguardo; vengono in rilievo, a tale proposito, i **codici di autoregolamentazione bancaria,** come quello adottato dall'associazione bancaria del Regno Unito.

Un vincolo all'applicazione del solo interesse semplice è posto dalla **disciplina sul ritardo nei pagamenti,** concernente i rapporti contrattuali conclusi per la fornitura di beni e servizi tra soggetti esercenti l'attività d'impresa (*Late payment of Commercial Debts (Interest) Act 1998,* poi modificata per recepire la direttiva europea del 2002 sul ritardo nei pagamenti commerciali). In questo caso, è prevista la corresponsione di interessi al saggio dell'8% oltre il tasso di base stabilito dalla *Bank of England,* con incrementi computati su interessi semplici e non composti.

La vigenza dell'istituto degli **interessi anatocistici** nell'esperienza giuridica britannica è attestata, da ultimo, dalla sua applicazione in materia di rimborsi da parte dell'amministrazione finanziaria per **crediti di natura fiscale.**

In un caso del 2007 (*Sempra Metals Ltd v Inland Revenue Commissioners* [2007] UKHL 34), la *House of Lords* ha stabilito l'applicabilità del *compound interest* alla restituzione di somme versate dal ricorrente all'erario sulla base di un'erronea interpretazione della legge e in considerazione dell'arricchimento ingiusto dell'amministrazione fiscale. In un caso più recente (*Littlewoods Retail Limited and Others v HMRC* [2014] EWHC 868 (Ch)), la *High Court* ha riconosciuto il diritto del ricorrente alla liquidazione di interessi anatocistici sulle somme rimborsate a fronte di un versamento dell'IVA eccedente il dovuto. Riguardo al caso di specie rileva che, pronunciandosi sulla questione pregiudiziale sollevata nel 2011 dalla stessa *High Court,* la **Corte di Giustizia Europea** aveva affermato nel 2012 (Caso C-591/10) l'insussistenza nell'ordinamento euro-comunitario di un diritto alla corresponsione di interessi anatocistici, e rimesso al giudice nazionale la verifica della compatibilità delle norme di diritto interno con i principi generali dell'Unione Europea.

Documentazione

British Bankers' Association, *Code of conduct for the advertising of interest bearing accounts*[41] (marzo 2011)

Law Commission, *Pre-judgment Interest on Debts and Damages*[42] (24 febbraio 2004)

---

[41]https:/www.bba.org.uk/wp-content/uploads/2011/03/
Code_of_conduct_for_the_advertising_of_interest_bearing_accounts1.p
df

[42]http://lawcommission.justice.gov.uk/docs/lc287_Pre-
judgment_Interest.pdf

CGE (Grande sezione), _Littlewoods Retail Ltd c. HMRC_[43], 19 luglio 2012 (Caso 591/10)

2.6 Spagna
Normativa

L'<u>art. 1109</u>[44] del **codice civile spagnolo** dispone che gli interessi scaduti diventano interessi legali dal momento in cui sono richiesti in via giudiziale, anche se nell'obbligazione vi sia silenzio su questo punto. Nei negozi giuridici commerciali ci si attiene a quanto dispone il codice di commercio. I monti di pietà e le casse di risparmio sono disciplinati dai propri regolamenti speciali.

L'<u>art. 317</u>[45] del **codice di commercio** dispone che gli interessi scaduti e non pagati non producono interessi. I contraenti possono comunque capitalizzare gli interessi liquidi e non soddisfatti, che producono nuovi redditi come aumento del capitale. L'art. 319 del medesimo codice dispone che dal momento in cui sia interposta una domanda giudiziale, non si possa più realizzare l'imputazione dell'interesse al capitale al fine di esigere maggiori redditi.

---

[43]http://curia.europa.eu/juris/document/document.jsf;jsessionid=9ea7d 2dc30d5dfb5261e76ec44b49e69be9d4f0694a1.e34KaxiLc3qMb4oRchoSax uNc3vo?text=&docid=125224&pageIndex=0&doclang=IT&mode=lst&dir= &occ=first&part=1&cid=171503

[44]http://noticias.juridicas.com/base_datos/Privado/cc.l4t1.html#a1109

[45]http://noticias.juridicas.com/base_datos/Privado/cc.l4t1.html#a1109

L'art. 1 della *__Ley de 23 de julio de 1908, de la Usura__*[46] dispone la nullità di tutti i contratti di prestito in cui si stipuli un interesse notevolmente superiore al normale e manifestamente sproporzionato rispetto alle circostanze del caso o in condizioni tali che risulti come "leonino", essendoci motivi per sospettare che sia stato accettato dal prestatario a causa della sua difficile situazione, della sua inesperienza o dei limiti delle sue facoltà mentali.

Documentazione

María Medina Alcoz, *Anatocismo, Derecho español y Draft Common Frame of Reference, Indret: Revista para el Análisis del Derecho*[47], n. 4, 2011 , 59 pp.

Una sentencia pionera en España anula el pacto de anatocismo en una hipoteca[48], ABC.es (16 giugno 2014)

2.7   Italia[49]

Nell'ordinamento italiano l'anatocismo è espressamente disciplinato dall'art.1283 cc, che recita testualmente: "In mancanza di usi contrari, gli interessi scaduti possono produrre interessi solo dal giorno della domanda giudiziale o per effetto di convenzione posteriore alla loro scadenza, e sempre che si tratti di interessi dovuti almeno per sei mesi". L'art.1283 c.c. prevede tre eccezioni al divieto di capitalizzazione degli interessi e più precisamente:

---

[46] http://noticias.juridicas.com/base_datos/Privado/cc.l4t1.html#a1109

[47] http://www.indret.com/pdf/857_es.pdf

[48] http://www.abc.es/agencias/noticia.asp?noticia=1608181

[49] Estratto da https://it.wikipedia.org/wiki/Anatocismo

• gli interessi che maturano "dal giorno della domanda giudiziale". Per esempio, se un decreto ingiuntivo riguarda un ammontare comprensivo di una parte di capitale e di una parte di interessi non pagati, l'intera somma viene riconosciuta come un debito indistinto su cui maturano ulteriori interessi;

• la conclusione di una "convenzione posteriore alla scadenza" degli interessi. In tal caso, la somma maturata fino alla convenzione si intende come nuovo capitale prestato e sul totale di tale importo possono maturare nuovi interessi. Ciò avviene anche ove si verifichi un ritardato pagamento di una rata di mutuo, altrimenti il debitore non avrebbe alcun interesse a pagare il dovuto entro la scadenza (se la quota di mutuo riferita a interessi non genera interessi, perché non pagare il più tardi possibile?). Tuttavia anche in questo caso c'è anatocismo se gli interessi di mora sono calcolati come interessi composti e non come interessi semplici (cfr. sezione successiva);

• la "mancanza di usi contrari". Nella prassi, a partire dal 1952, questa frase è stata interpretata dall'ABI prevedendo nei contratti bancari la capitalizzazione degli interessi a favore della banca ogni tre mesi (a marzo, a giugno, a settembre e a dicembre) e quelli a favore del cliente solo annualmente (per un commento sull'interpretazione dell'ABI, cfr. sezione successiva).

2.7.1 Implicazioni

Il calcolo degli interessi in regime di capitalizzazione composta anziché in regime di capitalizzazione semplice determina una crescita esponenziale del debito, di conseguenza per periodi inferiori all'anno l'importo calcolato con la capitalizzazione composta sarà inferiore a quello che si determina nella capitalizzazione semplice.

Giuridicamente, in un'obbligazione pecuniaria l'applicazione dell'anatocismo comporterebbe, per il debitore, l'obbligo di pagamento, non solo del capitale e degli interessi pattuiti, ma anche degli ulteriori interessi calcolati sugli interessi già scaduti.

2.7.2   Giurisprudenza

La legge non autorizza il pagamento degli interessi composti sulle quote di debito (capitale e interessi), che non sono state regolarmente pagate a scadenza. La sentenza della corte di Cassazione del 20 febbraio 2003 n. 2593 è molto chiara al riguardo: "Occorre, in primo luogo, rilevare che in ipotesi di mutuo per il quale sia previsto un piano di restituzione differito nel tempo, mediante il pagamento di rate costanti comprensive di parte del capitale e degli interessi, questi ultimi conservano la loro natura e non si trasformano invece in capitale da restituire al mutuante, cosicché la convenzione, contestuale alla stipulazione del mutuo, la quale stabilisca che sulle rate scadute decorrono gli interessi sulla intera somma integra un fenomeno anatocistico, vietato dall'art. 1283 c.c." In generale tuttavia gli istituti di credito applicano gli interessi di mora composti su tutta la quota di debito (capitale e interessi), di fatto ignorando la legislazione vigente.

Malgrado l'anatocismo sia un istituto conosciuto dagli albori del prestito ad interesse, la normativa italiana non ha raggiunto un sufficiente grado di completezza, tant'è che la disciplina si basa ancora sul codice civile del 1942, ed in particolare sull'art. 1283 c.c. Secondo questa norma, gli interessi scaduti, in assenza di usi contrari, possono produrre a loro volta interessi solo dal giorno della domanda giudiziale o per effetto di convenzione posteriore alla loro scadenza, sempre che si tratti di interessi dovuti almeno per sei mesi. In linea di principio, il codice civile vieta un regime di capitalizzazione composta degli interessi, ovvero il pagamento degli interessi su interessi di periodi precedenti.

Nonostante la tutela approntata dal citato articolo, che subordina l'anatocismo alla compresenza di alcuni presupposti ben determinati, per circa mezzo secolo nella prassi bancaria italiana hanno trovato applicazione pressoché generalizzata, nei contratti di apertura di conto corrente, le clausole di capitalizzazione trimestrale degli impieghi. Ciò grazie, anche, all'avallo della giurisprudenza, tanto di legittimità quanto di merito, che ha affermato la validità delle clausole di capitalizzazione trimestrale, escludendo l'esistenza di un contrasto con la previsione di cui all'art. 1283 codice civile, sulla base dell'affermazione dell'esistenza di un uso idoneo a derogare al divieto di anatocismo stabilito da tale norma.

Nel 1999 la Corte di Cassazione, invertendo il proprio orientamento giurisprudenziale, ha più volte affermato la nullità della clausola di capitalizzazione trimestrale, sostanzialmente argomentando nel senso della inesistenza di un uso normativo idoneo a derogare all'art. 1283 c.c..

Per evitare scompensi tra il lavoro dei giudici e la prassi, il legislatore ha ritenuto opportuno, con il decreto legislativo 4 agosto 1999, n. 342[2] (cosiddetto «decreto salvabanche», presentato il 23 luglio 1999 dal Governo D'Alema I), modificare l'art. 120 del decreto legislativo 1° settembre

1993, n. 385 (Testo unico delle leggi in materia bancaria e creditizia): tale intervento ha introdotto in materia il principio della eguale cadenza di capitalizzazione dei saldi attivi e passivi, nel contempo stabilendo – con norma transitoria – una sanatoria per il pregresso, facendo salve le clausole di capitalizzazione trimestrale contenute nei contratti conclusi prima dell'entrata in vigore della nuova disciplina.

La norma transitoria è stata però dichiarata illegittima, per eccesso di delega e conseguente violazione dell'articolo 77 Costituzione, dalla Corte Costituzionale (sentenza 17 ottobre 2000, n. 425,[3]). La Consulta, con la citata sentenza, ha abrogato l'art. 25, comma 3, dichiarato incostituzionale per: l'irretroattività della legge, la disparità di trattamento fra soggetti del testo Unico Bancario e creditori sottoposti all'anatocismo, il non rispetto dell'autonomia e indipendenza della magistratura.

A seguito della sentenza della Consulta, il Governo Amato approvò il decreto-legge 29 dicembre 2000, n. 394, convertito con modificazioni dalla legge 28 febbraio 2001, n. 24[4]. Il decreto fornisce l'interpretazione autentica della legge antiusura n. 108 del 1996.

Venuta meno la norma transitoria, finalizzata ad assicurare validità ed efficacia alle clausole di capitalizzazione degli interessi inserite nei contratti bancari stipulati anteriormente alla entrata in vigore della nuova disciplina, paritetica, della materia, la Corte di Cassazione ha continuato, con una ulteriore serie di sentenze (tra le altre, si veda la sentenza 13 dicembre 2002, n. 17813), a ribadire il suo approccio più recente, peraltro estendendo i principi enunciati inizialmente con riferimento al conto corrente bancario anche ai contratti di mutuo. Infine, con sentenza

n. 21095/2004 (Cass. Civ., SS.UU., 4 novembre 2004, n. 21095), la suprema Corte ha confermato in modo netto il mutamento del 1999, così consolidando il nuovo trend giurisprudenziale.

2.7.3 Anatocismo e usura

Anatocismo e usura sono illeciti radicalmente diversi dal punto di vista giuridico. L'anatocismo è un illecito civile, privo di risvolti penali, invece l'usura è vietata dal codice penale.

Anatocismo e usura sono modi diversi di ottenere una remunerazione fuori mercato dei capitali "prestati", il primo con l'applicazione di interessi minori su una base più larga pari al debito residuo e alle quote interessi già pagate, la seconda con l'applicazione diretta di interessi esorbitanti. L'anatocismo è ammesso solo a determinate condizioni dal codice civile, mentre non riceve menzione in quello penale, per cui chi pratica l'anatocismo non pone in essere alcun illecito di rilevanza penale.

2.7.4 Sistema sanzionatorio

Gli oneri per la pratica anatocistica sono molto contenuti. Si limitano al rimborso delle somme ingiustamente estorte, con relativi interessi legali. Non esiste una modalità ufficiale di calcolo, ma la giurisprudenza maggioritaria si è orientata nel senso di applicare in luogo della capitalizzazione trimestrale la capitalizzazione semplice (che non prevede alcuna capitalizzazione) o, più raramente, la capitalizzazione annuale. Il tasso di interesse è quello legale se non vi è una valida pattuizione e se il contratto è stato stipulato prima del 1/1/1994, entrata in vigore del Testo Unico Bancario (D.Lgs. n. 385 del 1993); ovvero al tasso previsto dall'art. 117 TUB (rendimento medio dei BOT) applicato in senso favorevole al correntista. Affinché si possa parlare di valida pattuizione è opportuno che vi sia un accordo scritto sottoscritto da entrambe le parti. Non costituisce valida pattuizione la semplice comunicazione del tasso applicato.

Il giudice di merito può riconoscere il risarcimento del danno esistenziale e biologico.

In base alla legge n. 281/98, chi non rispetta il provvedimento del Giudice deve pagare allo Stato una somma di denaro che verrà, per effetto della medesima disposizione di legge, destinata ad iniziative a vantaggio dei consumatori.

Le sanzioni in caso di usura sono più incisive. Il diritto penale annovera l'usura come reato (art. 644 c.p.) e ciò comporta una maggiore reazione dell'ordinamento giudiziario rispetto ad un illecito civile. Il reato di usura prevede l'apertura di un'indagine penale, con intervento del Pubblico Ministero che ha particolari poteri di indagine e persecutori nei confronti di possibili usurai. Sul fronte civilistico le sanzioni conseguenti all'usura sono molto incisive e particolarmente penalizzanti per l'usuraio. L'Art. 1815 c.c prevede che in caso di usura, non siano dovuti interessi. Tale norma è stata modificata dalla legge 108/1996 che ha inasprito la sanzione. In precedenza il legislatore riconosceva comunque il tasso legale sul capitale erogato dall'usuraio.

Il sistema bancario non è immune dal reato di usura, ma anzi è prevista un'aggravante specifica nel caso in cui il reato sia commesso da un soggetto che esercita l'attività bancaria (Art. 644 c.p. n. 1). Purtroppo si sono verificati molti casi di istituti di credito, banche e società finanziarie che sono state condannate dai tribunali per aver applicato interessi usurari (ex multis: Tribunale di Monza Sent. n. 1967 dell'11-06-2007, Tribunale di Rho Sent. n. 76 del 28/02/2006, Tribunale di Rho Sent. n. 4 del 10/01/2006). Nel Febbraio 2011 la Suprema Corte di Cassazione a Sezioni Unite con sentenza n. 24418 del 2 dicembre 2010 ha sancito definitivamente che il diritto alla restituzione di tutti gli indebiti rilevabili sui conti correnti bancari (dall'Anatocismo, agli interessi Ultralegali, alle Commissioni di massimo scoperto illegittime, all'Usura Bancaria…) si prescrive nel termine di dieci anni dalla chiusura del conto corrente. Con tale sentenza si è confermato quindi che un correntista, che ha utilizzato fidi bancari pagando interessi passivi trimestrali, può vantare il proprio diritto alla restituzione di quanto pagato illegittimamente in più alla banca, tornando indietro a rielaborare i propri conti fino al 1952.

Il *milleproroghe* votato ed entrato in vigore è stato sollevato di incostituzionalità da diversi Tribunali, come la causa del 13 aprile 2011 – Anatocismo. Tribunale di Roma, rimanendo in attesa di decisione della Corte Costituzionale. Dopo aver abbattuto il debito del correntista nei confronti della banca per oltre mezzo milione di euro a seguito della rielaborazione contabile con la sola capitalizzazione annuale ed altre illegittimità, il giudice Antonella Izzo dispone di rielaborare i conti senza alcuna capitalizzazione seguendo la sentenza 24418 della Sezioni Unite della Cassazione del dicembre 2010, disapplicando completamente il *Milleproroghe* senza nemmeno prenderlo in considerazione. Con un'importante sentenza, poi, il Tribunale di Ancona ha sancito la nullità del decreto ingiuntivo ottenuto da un Istituto di credito nei confronti del fideiussore del debitore, in quanto nel contratto di conto corrente bancario oggetto del credito del quale si chiedeva l'escussione era applicato l'anatocismo, vale a dire la capitalizzazione degli interessi sugli interessi. La sentenza è particolarmente significativa, in quanto, secondo il Tribunale marchigiano il semplice estratto conto non costituisce prova della somma dovuta dall'utente bancario. Dall'esibizione in giudizio della documentazione richiesta dal magistrato, è, quindi, emerso che la Banca nel corso degli anni aveva illegittimamente applicato l'anatocismo sugli interessi passivi. Il Tribunale di Ancona ha, quindi, stabilito che, oltre, al debitore principale anche il fideiussore può opporsi all'ingiunzione di pagamento dell'Istituto di credito.

Capitolo 3: Il significato profondo del libro

3.1 Il significato delle parole "segreto, formula, anatocismo"

Vogliamo che il lettore comprenda il significato intimo del titolo del libro. Utilizzando i moderni sistemi di acquisizione delle informazioni, chiunque, dotato oggi di una connessione internet, può andare sui motori di ricerca più conosciuti oppure direttamente sul sito internet del vocabolario italiano "Garzanti" per trovare il significato comune delle parole "segreto", "formula" e "anatocismo".

Segreto

- *conosciuto da pochi; che va tenuto nascosto*

- *non accessibile o accessibile soltanto a poche persone*

- *nascosto; che viene custodito senza essere rivelato*

Il **segreto** è ciò che viene tenuto da parte rispetto al pubblico, separato e nascosto agli occhi altrui, senza essere rivelato e senza essere condiviso.

È anche straordinariamente interessante andare a ricercare le parole di significato contrario alla parola "segreto" e tra queste troviamo le seguenti:

pubblico, dichiarato, confessato, rivelato, noto, conosciuto, chiaro, evidente, palese, esteriore, visibile, manifesto, accessibile, disponibile, indiscreto, esposto, fatto noto, notizia di dominio pubblico.

Una **formula** è una espressione simbolica che indica le relazioni esistenti fra certe grandezze; in matematica è utilizzata per esprimere in maniera coincisa ed inequivocabile relazioni quantitative. Può essere vista anche come una serie di simboli atti a esprimere una relazione fra due o più grandezze. Una formula stabilisce un procedimento di calcolo combinando due o più grandezze mediante l'uso di opportuni operatori. Il linguaggio utilizzato nelle formule è quindi quello della matematica, che, per conferire generalità ai propri enunciati, si serve di simboli al posto di numeri.

Ci sono metodi diversi per ottenere una formula. È possibile per esempio partire da presupposti fondamentali (assiomi) per dedurne logicamente conseguenze esprimibili con formule. È anche possibile ricavare una formula dall'osservazione di dati ottenuti sperimentalmente, o dalla valutazione sistematica di informazioni con i metodi della statistica; in questo caso si parla di formula empirica.

L'**anatocismo**[50] (dal greco ἀνατοκισμός *anatokismós*, composto di ανα- «sopra, di nuovo» e τοκισμός «usura») nel linguaggio bancario è la produzione di interessi (*capitalizzazione*) da altri interessi resi produttivi sebbene scaduti o non pagati, su un determinato capitale. Nella prassi bancaria tali interessi vengono definiti *composti*.

L'**usura** (parola latina per *interesse*) è la pratica consistente nel fornire prestiti a tassi di interesse considerati illegali, socialmente riprovevoli e tali da rendere il loro rimborso

---

[50] https://it.wikipedia.org/wiki/Anatocismo

molto difficile o impossibile, spingendo perciò il debitore ad accettare condizioni poste dal creditore a proprio vantaggio, come la vendita a un prezzo particolarmente vantaggioso per il compratore di un bene di proprietà del debitore, oppure spingendo il creditore a compiere atti illeciti ai danni del debitore per indurlo a pagare.

Gentile lettore, in pratica, nel prosieguo di questo libro, stiamo per svelare qualcosa di occulto per renderlo utile e facilmente utilizzabile da tutti per difendersi nelle sedi appropriate. Ora, per te che vuoi tutto e subito, eccoti la formula segreta n°1 dell'anatocismo[51].

$$I_k = c1 * i * \sum_{H=k}^{n} (1+i)^{H-1}$$

Se sei esaltato dalla nuova formula puoi chiudere il libro ed utilizzarla come meglio credi oppure puoi continuare a leggere il libro fino alla fine, perchè nel prosieguo dei capitoli la dimostreremo matematicamente.

Questa formula dimostra l'illegalità dei mutui a rata fissa e si fonda sulla legge di variazione delle quote capitali[52].

---

[51] La formula segreta svela come nel piano di ammortamento a rata fissa è presente una componente di interesse, di una rata scaduta, che è utilizzata e capitalizzata nelle rate successive per generare altri interessi, questo è l'anatocismo.

[52] In un qualsiasi piano di ammortamento a rata e tasso fisso le quote capitali, che figurano nelle varie rate, costituiscono una progressione

Come puoi vedere, presi la k-esima rata del piano di ammortamento, c1 (quota capitale della prima rata), i (interesse periodale), H (indice che varia da k ad n numero totale di rate del piano di ammortamento), *la quota d'interesse della rata k-esima è funzione di una parte di interesse di una rata precedente* ($c_1 * i$), *la prima già scaduta, che è capitalizzata più volte, nel futuro, nel regime finanziario ad interesse composto*[53] *concorrendo così alla creazione di interessi che si generano da interessi di rate precedenti e già scadute.*

Smetti di soffrire, Smetti di essere vittima.

Diventa l'avversario!

---

geometrica di ragione (1+i), nota come legge di variazione delle quote capitali

[53] L'interesse viene moltiplicato per delle componenti di interesse composto $(1+i)^{H-1}$

Parte 2 : LE DIMOSTRAZIONI DELLA PRESENZA DELL'ANATOCISMO

«Ogni verità passa attraverso tre fasi: prima viene ridicolizzata; poi è violentemente contestata; infine viene accettata come ovvia. »

(Arthur Schopenauer)

Capitolo 4: Le definizioni

4.1   Le operazioni finanziarie e la matematica

La Matematica Finanziaria ha per oggetto di studio le **operazioni finanziarie**, cioè le operazioni di scambio di somme di denaro disponibile in tempi diversi. Gli elementi fondamentali di un'operazione finanziaria sono **importi** e **scadenze**. Sulla base di questi due elementi si effettua una prima distinzione:

a) **operazioni finanziarie certe:** sono quelle i cui importi si rendono disponibili con certezza

b) **operazioni finanziarie aleatorie:** sono quelle i cui importi si rendono disponibili solo se si verificano degli eventi aleatori.

La Matematica finanziaria classica si occupa delle operazioni finanziarie certe, mentre la Matematica attuariale si occupa delle operazioni finanziarie aleatorie.

Le operazioni finanziarie aleatorie sono quelle i cui importi si rendono disponibili solo se si verificano degli eventi aleatori.

Esempi di operazioni finanziarie certe:

1) Depositando denaro sul c/c bancario da cui si preleveranno capitale e interessi si scambia il versamento odierno con un prelevamento futuro.

2) Comprando oggi BOT che si rivenderanno fra un mese, si scambia la somma oggi investita con il ricavo della vendita fra un mese.

3) Stipulando oggi un mutuo con rimborso graduale si scambia la disponibilità che oggi si riceve per effetto del contratto di mutuo con i versamenti che si faranno alle scadenze convenute.

4) Stipulando oggi un acquisto di un'auto con pagamento rateale, si scambia la somma ricevuta subito in natura (valore dell'auto), con le rate che si verseranno alle scadenze dovute.

4.2 Concetti fondamentali della matematica finanziaria

Si consideri una operazione finanziaria elementare consistente nello scambio fra due individui A e B di due capitali, rispettivamente C ed M con M>C, in due successivi tempi x e y .

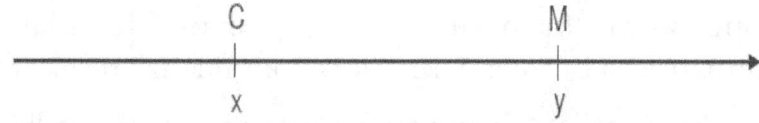

Il soggetto A cede a B il capitale C disponibile al tempo x ; in cambio B cede ad A il capitale M disponibile al tempo

$y > x$.

Se l'operazione di scambio dell'importo C al tempo x contro l'importo M al tempo successivo y è accettata dai due individui, si dice che C e M sono **finanziariamente equivalenti** fra loro e che **l'operazione è equa**.

Avendo supposto x < y si ha che:

A è detto **creditore** o mutuante;

B è detto **debitore** o mutuatario;

C è il **capitale impiegato**, anticipato o investito;

M è il **capitale dovuto** alla scadenza;

x è la **data di investimento**;

y è la **data di scadenza**;

[x,y] è il **periodo** di impiego.

L'**interesse** in economia finanziaria è la somma dovuta come compenso per ottenere la disponibilità di un capitale (solitamente una somma di denaro) per un certo periodo.

Il **capitale prestato** inizialmente è detto principale o iniziale, e la percentuale del capitale prestato inizialmente (principale), che va pagata come interesse è detta tasso d'interesse.

L'interesse viene generalmente calcolato in **regime di capitalizzazione semplice** (lineare) oppure in **regime di capitalizzazione composta** (anatocismo).

L'**interesse lineare o interesse semplice** è interesse che si accumula linearmente. In altre parole, cresce di una certa frazione del principale per unità di tempo. Questo tipo di accumulazione è usato in molti casi pratici. Una volta effettuato un pagamento di interesse, il creditore può reinvestirlo altrove. Nel caso lo reinvesta nell'investimento originario, comincerà ad accumularsi interesse su questo interesse.

L'**interesse composto o anatocismo** è l'interesse che viene regolarmente aggiunto al debito. L'ulteriore interesse viene allora calcolato non solo sul principale, ma anche sugli interessi aggiunti al debito in precedenza; in altre parole, sul montante. Con l'interesse composto, la frequenza di capitalizzazione influenza l'interesse totale pagato nel corso della vita totale del prestito.

Un **mutuo** è un finanziamento a medio lungo termine, erogato da una banca o da altro intermediario finanziario autorizzato, rimborsabile secondo il piano d'ammortamento fissato contrattualmente. Il piano di ammortamento prevede delle rate che sono composte da quote capitali, che erodono via via il capitale preso in prestito, e da quote interessi.

Il **mutuo fondiario** è un finanziamento garantito da ipoteca, di norma, di 1° grado sul bene immobile acquistato, concesso per acquisto della prima casa o d'altro immobile.

Il **mutuo edilizio** è un finanziamento, garantito da ipoteca di norma, di 1° grado su un bene immobile, per la costruzione, la ristrutturazione, la riparazione, la trasformazione, la sopraelevazione, il recupero dell'abitazione, erogato in fasi successive (spesso dette "tranches"). Il **mutuo chirografario** è un finanziamento, non assistito da ipoteca, che prevede rate di pagamento posticipate.

L'interesse utilizzato per i mutui cambia a seconda della tipologia di mutuo. Se il mutuo è a tasso fisso si farà riferimento al tasso **Eurirs**, se il mutuo è a tasso variabile all'**Euribor**. Calcolato il valore di Eurirs o Euribor, per ottenere il reale tasso di interesse e quindi conoscere il tasso che verrà effettivamente applicato alla firma del contratto, bisogna aggiungere una ulteriore percentuale di interesse detta *Spread*.

La Banca attraverso lo *Spread* ottiene il suo guadagno reale, infatti rappresenta il costo aggiuntivo (detto anche ricarico) che viene applicato al tasso di base già richiesto al mutuatario. Quando la Banca concede un mutuo essa sta rivendendo il denaro acquistato in precedenza che è ricaricato di un margine di guadagno, questo per permettere di neutralizzare le spese di gestione della pratica del cliente e della struttura creditizia; nonché di compensare i rischi dell'operazione e garantirsi il guadagno.

Chi stipula un mutuo a tasso variabile dovrà rimborsare l'interesse secondo un tasso fissato con il criterio: Euribor + spread. L'Euribor rappresenta la componente variabile del tasso, mentre lo spread la parte fissa che rimarrà invariata per tutta la durata del mutuo.

In questo periodo gli spread applicati sono bassi, la media coincide a un 1,5%.

Il motivo risiede nel fatto che i mutui essendo coperti da ipoteca, comportano rischi modesti di insoluto per la Banca che quindi può permettersi di applicare spread contenuti. Dobbiamo considerare che *la decisione di quale Spread applicare al mutuo spetta alla Banca, quindi è sempre bene informarsi sulle varie proposte perché, tra un Istituto di Credito e l'altro, le condizioni dei mutui si differenziano in modo rilevante*.

Per i mutui a tasso fisso il discorso Spread cambia, in questo caso esso rappresenta la quota aggiuntiva che si applica al parametro di riferimento IRS (tasso di riferimento per mutui a tasso fisso): IRS + spread. Dato che il tasso è fisso lo Spread viene utilizzato per il suo calcolo un'unica volta e precisamente il giorno della firma del contratto di mutuo.

In seguito il tasso applicato non potrà subire modifiche.

Capitolo 5: Leggi e formule matematiche

5.1 Capitalizzazione[54]

La *capitalizzazione* è l'operazione con cui si calcola il valore a un determinato tempo futuro di un capitale disponibile al tempo presente.

Indicando con:

- C il capitale iniziale,

- i il tasso di interesse periodale (in genere tasso unitario annuo, ma può essere mensile, trimestrale...),

- t la durata temporale dell'operazione, espressa in numero di periodi (in genere anni),

- M il capitale finale, detto anche montante, pari alla somma di capitale iniziale più gli interessi maturati,

una legge di capitalizzazione è una funzione f del tempo che consente di determinare, dato il capitale iniziale C, il corrispondente valore del montante M ad un generico istante futuro t:

---

[54] http://www.bankpedia.org/index.php/it/90-italian/c/18943-capitalizzazione

$$M(t) = C f(t)$$

dove la funzione *f(t)* prende il nome di **fattore di montante**.

5.2 Regimi finanziari

Una legge di capitalizzazione si associa ad un regime finanziario, intendendo, appunto, con questo termine, una legge finanziaria che applica un determinato fattore di montante.

Nel ***regime finanziario ad interesse semplice*** gli interessi, maturati da un dato capitale nel periodo di tempo considerato, non vengono aggiunti al capitale che li ha prodotti e, quindi, non maturano a loro volta interessi.

In termini matematici si dice che l'interesse è proporzionale al capitale e al tempo. L'interesse I cresce linearmente col tempo t, secondo un fattore di proporzionalità costituito dal prodotto del capitale iniziale C e del tasso di interesse unitario i:

$$I(t) = Cit$$

ricordando che per il montante M vale la relazione:

$$M(t) = C + I(t)$$

Si può scrivere: $M(t) = C(1 + it)$

Per questo regime finanziario, quindi, il fattore di montante è rappresentato dall'espressione:

$$f(t) = 1 + it$$

Nel *regime finanziario ad interesse composto*, alla fine di ogni periodo, l'interesse maturato nel periodo viene sommato al capitale iniziale che lo ha prodotto, per costituire così un nuovo capitale su cui calcolare gli interessi nel periodo successivo, ovvero anche l'interesse produce interesse.

Considerando che il montante è la somma di capitale e interessi maturati, nel regime ad interesse composto il montante al tempo *t* viene assunto come nuovo capitale per il periodo successivo. Procedendo nel modo indicato per più periodi, è possibile ricavare la formula che descrive questo regime finanziario.

Assumendo ogni periodo di durata unitaria. Alla fine del primo periodo si ha:

$$M(1)=C(1+i)$$

alla fine del secondo periodo si ha:

$$M(2)=M(1)(1+i)=C(1+i)^2$$

In generale al periodo t, si ha: $M(t)=C(1+i)^t$

Per questo regime finanziario, quindi, il fattore di montante è rappresentato dall'espressione:

$$f(t)=(1+i)^t$$

Quando il processo di capitalizzazione, di calcolo del valore a un determinato tempo futuro di un capitale disponibile al tempo presente, avviene secondo il regime di calcolo dell'*interesse semplice* non c'è capitalizzazione di interessi, nel senso di interessi che diventano capitale. In questo caso si parla di *capitalizzazione semplice*.

Quando il processo di capitalizzazione, di calcolo del valore a un determinato tempo futuro di un capitale disponibile al tempo presente, avviene secondo il regime di calcolo dell'*interesse composto* c'è capitalizzazione di interessi, nel senso di interessi che diventano capitale. In questo caso si parla di **capitalizzazione composta**.

Il duplice uso del termine *"capitalizzazione"*, nel senso di interessi che diventano capitale, di solito in giurisprudenza e nei conti correnti, e nel senso di calcolo del valore a un determinato tempo futuro di un capitale disponibile al tempo presente, in matematica finanziaria, può generare confusione e può indurre, erroneamente, a pensare che nel momento stesso in cui si parla di capitalizzazione (semplice o composta che sia) si parli anche di anatocismo.

In altri termini, è il regime finanziario adottato che determina se vi è capitalizzazione di interessi, nel senso di interessi che diventano capitale, oppure no.

5.3   Attualizzazione

Il processo opposto alla capitalizzazione è detto **attualizzazione** e consiste nella valutazione di una somma futura al tempo presente.

In altri termini, noto il montante si vuole determinare il capitale iniziale che prende il nome di **valore attuale**.

Indicando con:

- *Va* il valore attuale,
- *i*   il tasso di interesse periodale (in genere tasso unitario annuo, ma può essere mensile, trimestrale…),
- *t*   il tempo di attualizzazione,

- **M**   il montante finale che si vuole attualizzare

ed utilizzando i risultati ottenuti nel paragrafo precedente, il valore attuale nel *regime finanziario ad interesse composto* è dato da:

$$M(t)=C(1+i)^t \ \rightarrow \ Va(t)=\frac{M}{(1+i)^t} \quad \text{dove} \quad \frac{1}{(1+i)^t}$$

è detto **fattore di sconto**.

Il valore attuale nel *regime finanziario ad interesse semplice* è dato da:

$$M(t)=C(1+it) \ \rightarrow \ Va(t)=\frac{M}{(1+it)}$$

Poiché il processo di attualizzazione è definito come opposto a quello di capitalizzazione, questo non significa che esso genera un fenomeno che è l'opposto dell'anatocismo o che non vi sia capitalizzazione di interessi (nel senso di interessi che diventano capitale): è il regime di calcolo che determina se vi è anatocismo oppure no.

5.4   Legge di scindibilità

Una legge si dice scindibile se il **montante** di un **capitale** C, impiegato fino al tempo t ad un tasso di **interesse** i assegnato, non varia se l'impiego viene interrotto ad un tempo t_1 con $0 < t_1 < t$, e il **montante** ottenuto in t_1 viene immediatamente reimpiegato alle stesse condizioni per il tempo rimanente $t - t_1$ con la possibilità di interrompere anticipatamente l'operazione finanziaria di investimento e immediatamente riprenderla. Questa legge consente, quindi, il confronto tra il montante finale, e il montante ottenibile senza l'interruzione dell'operazione.

In regime di capitalizzazione composta vale il **principio di scindibilità** secondo cui è indifferente trasferire un capitale nel tempo con una sola operazione o con più operazioni intermedie. Questo principio permette di determinare il montante o il valore attuale di un capitale, impiegato per un certo tempo, mediante la scomposizione del fattore di montante o del fattore di sconto.

Si abbia, per esempio, un capitale di 10.000 Euro impiegato al tasso del 10% annuo, e si voglia calcolare il suo montante dopo 15 anni. Applicando la formula della capitalizzazione composta, si ha:
$M15 = 10.000(1,1)^{15} = 41.772,48 \ Euro$

Volendo invece calcolare il montante dopo 4 anni e poi l'ulteriore montante, al 15-esimo anno, del montante ottenuto, si ha:

$M \ 4 = 10.000(1,1)^{4} = 14.641,00 \ Euro$

$M15 = M4(1,1)^{11} = 10.000(1,1)^{4}(1,1)^{11} = 10.000(1,1)^{15} = 41.772,48 \ Euro$

che coincide con il montante calcolato direttamente.

Come il lettore attento avrà osservato, al quarto anno, il capitale 10.000 euro viene sommato agli interessi ricavati dopo i primi 4 anni, ovvero 4.641,00, per formare complessivamente un montante che viene poi capitalizzato per altri 11 anni. **Quindi, per la legge di scindibilità, gli**

interessi sono sempre sommati al capitale iniziale, formando un nuovo importo che viene poi capitalizzato ulteriormente per determinare il montante successivo.

Quanto detto per il montante vale anche per il valore attuale. Per esempio, si abbia un capitale di 41.772,48 Euro esigibile fra 15 anni su cui è applicato il tasso del 10% annuo. Supponiamo che si debba calcolare il suo valore attuale fra 4 anni a partire da oggi; si può procedere in due modi, che portano allo stesso risultato:

a) il valore attuale viene calcolato direttamente scontando il capitale al 4° anno, cioè:

$Va4=41.772,48(1,1)^{-11}= 14.641,00$ Euro

b) il valore attuale viene calcolato scontando il capitale al tempo zero, cioè oggi, e poi capitalizzando la somma ottenuta per 4 anni:

$Va0=41.772,48(1,1)^{-15} = 10.000,00$ Euro
$Va4=Va0 (1,1)^4=10.000(1,1)^4= 14.641,00$ Euro

E' opportuno sottolineare che la legge di scindibilità è applicabile soltanto quando le varie operazioni sono riferite allo stesso tasso, ma soprattutto che la legge di scindibilità non è applicabile in regime di capitalizzazione semplice.

Infatti, si abbia, per esempio, un capitale di 10.000 Euro impiegato al tasso del 10% annuo, e si voglia calcolare il suo montante dopo 15 anni. Applicando la formula della capitalizzazione semplice, si ha:

M 15=10.000(1+0,1*15) = 25.000,00 Euro

mentre

M '15=10.000(1+0,1*10)(1+0,1*5) = 30.000,00 Euro

ottenendo risultati differenti, ovvero la legge della capitalizzazione semplice non è scindibile.

Possiamo osservare che in un **regime ad interesse semplice** è vantaggioso effettuare operazioni di capitalizzazione intermedie, ossia ritirare il montante (capitale iniziale + interessi) e reinvestire il tutto.

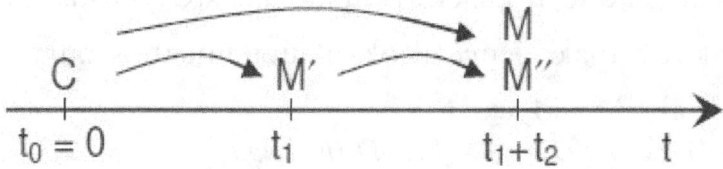

Confrontiamo i montanti M e M" ottenuti investendo C per un periodo t1 + t2 senza operazione di capitalizzazione intermedia e con capitalizzazione intermedia. Se i è il tasso d'interesse, si ha:

M = C(1 + i(t1 + t2))

M' = C(1 + i t1)

M" = C(1 + i t1) × (1 + i t2)

Risulta M" > M e per questo, essendo M≠M", si dice che il regime ad interesse semplice è un **regime non scindibile**.

Possiamo altresì osservare che il **regime finanziario ad interesse composto** è l'unico regime in cui il montante generato in un intervallo di tempo è lo stesso che si ottiene effettuando un qualunque numero di capitalizzazioni intermedie quindi è un regime scindibile.

Infatti si ha

$M = C(1+i)^{t1+ t2}$

$M'' = C(1+i)^{t1}$

$M' = M'(1+i)^{t2} = C(1+i)^{t1} \times (1+i)^{t2} = C(1+i)^{t1+t2}$

Poiché risulta $M = M''$, si dice che il regime finanziario ad interesse composto è un **regime scindibile**

L'ammontare degli interessi cresce esponenzialmente nel tempo. E' pari al tasso di interesse solo nel primo anno (quando t = 0). Nel caso di capitalizzazione composta non è corretto dire che il tasso di interesse annuo è l'interesse prodotto da una unità di capitale in un anno, ma occorre dire che è l'interesse prodotto da una unità di capitale nel suo primo anno di impiego. Se si vuole fare riferimento al generico anno si deve precisare che i è l'interesse prodotto da una unità di capitale impiegato all'inizio di quell'anno, capitale che include gli interessi maturati e capitalizzati nei periodi precedenti.

5.5 Progressione geometrica e serie geometrica

Una *progressione geometrica* è una successione di numeri, detti *termini* della successione, tali che il rapporto tra un elemento ed il suo precedente è sempre costante. Tale costante è detta *ragione* della successione.

In generale, se *a* è il primo termine ed *n* è il numero dei termini, si ha:

$$a \, , ar \, , ar^2 \, , ar^3 \, , \dots \, , a \, r^{n-1}$$

dove $r \neq 0$ è la ragione e a è un **fattore di scala.**

Si osserva che:

$$\frac{a_3}{a_2} = \frac{ar^2}{ar} = r \quad \Rightarrow \quad \frac{a_n}{a_{n-1}} = r$$

Le progressioni geometriche hanno il vantaggio di fornire alcune semplici formule per il calcolo dei termini che le compongono.

Il termine n-esimo può essere infatti definito come:

$$a_n = a_1 r^{n-1}$$

Infatti:

$$\frac{a_n}{a_1} = \frac{ar^{n-1}}{ar^0} = \frac{ar^{n-1}}{a} = r^{n-1}$$

Inoltre, si osserva che:

•   se $r > 1$, la progressione geometrica ha una **crescita** esponenziale verso infinito (positivo),

•   **nel regime ad interesse composto** indicando con C0 il capitale iniziale, i il tasso di interesse periodale,

$$C_1 = C_0 (1+i) \, ,$$

$$C_2 = C_1(1+i) = C_0(1+i)^2,$$

$$C_3 = C_2(1+i) = C_1(1+i)(1+i) = C_0(1+i)(1+i)(1+i) = C_0(1+i)^3$$

$$C_n = C_{n-1}(1+i) = C_0(1+i)^n = C_1(1+i)^{n-1}$$

La successione $C_0, C_1, C_2, \ldots, C_n$ è una progressione geometrica la cui ragione è $1+i$.

Come si vedrà, nell'ammortamento alla "*francese*" le quote capitali evolvono esponenzialmente secondo una legge di progressione geometrica la cui ragione è $1+i$.

Il termine **serie geometrica** è riservato alla somma di infiniti termini di una progressione geometrica, mentre la scrittura sottostante è detta *somma parziale* dei primi n termini (con fattore di scala unitario):

$$\sum_{k=0}^{n-1} x^k = x^0 + x^1 + x^2 + x^3 + \ldots + x^{n-1}$$

In generale, per il calcolo del valore di una serie geometrica di ragione r e fattore di scala a, si procede moltiplicando entrambi i membri per il fattore (1-r) ottenendo:

$$(1-r) \sum_{k=0}^{n-1} ar^k = a - ar^n$$

poiché tutti i termini del membro destro dell'equazione, ad eccezione di a e ar^n, si annullano fra loro.

Allora, posto $r \neq 1$ si ha:

$$\sum_{k=0}^{n-1} ar^k = \frac{a(1-r^n)}{(1-r)}$$

5.6 Progressione aritmetica

Una **progressione aritmetica** è una successione di numeri, detti *termini* della successione, tali che la differenza tra un elemento ed il suo precedente è sempre costante. Tale costante è detta **ragione** della successione.

In generale, se a è il primo termine ed n è il numero dei termini, si ha:

$$a, a+r, a+2r, a+3r, \ldots, a+(n\text{-}1)r$$

Il termine n-esimo può essere definito come:

$$a_n = a_1 + (n\text{-}1)r$$

mentre la somma degli *n* termini della progressione è data da:

$$S_n = \frac{a_1 + an}{2}$$

Come si vedrà, <u>nell'ammortamento *"italiano"* la quote capitali rappresentano i termini di una progressione aritmetica di ragione pari a 0 e sono valori costanti.</u>

5.7 Rendite finanziarie

Una **rendita finanziaria** è una successione di importi, chiamati *rate*, da riscuotere (o da pagare) in epoche differenti, chiamate *scadenze*, ad intervalli di tempo determinati.

Indicando con:

- **Rk,** la rata da riscuotere (o da pagare) alla scadenza *tk*
- **tk,** la scadenza, cioè il momento all'interno del *k*-esimo intervallo in cui viene riscossa (o pagata) la rata R*k*
- **n,** il numero di rate totali

una rendita *S* si può indicare con
$S = (R_k, t_k)$ dove $k = 0, 1, 2, \dots, n$

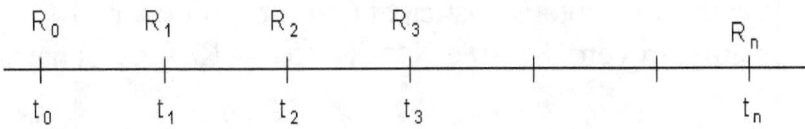

Se le scadenze sono separate da un intervallo di tempo

uguale la rendita è **periodica** e la quantità

$p = t_k - t_{k-1}$ corrisponde a un periodo.

Se la scadenza è fissata all'inizio di un intervallo di tempo la rendita è **anticipata**, mentre se è fissata al termine di un intervallo la rendita è **posticipata**.

Se la prima rata viene riscossa (o pagata) all'inizio la rendita è detta **immediata**, mentre se la prima rata viene riscossa (o pagata) a cominciare da un certo istante t_p successivo a t_0, la rendita si dice **differita** di un periodo p.

Rendita posticipata immediata

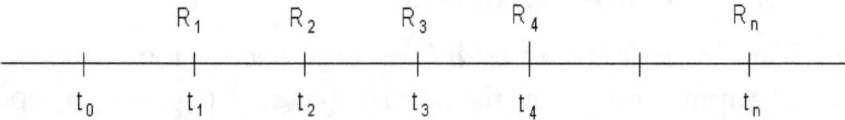

Prendendo in considerazione il **regime finanziario ad interesse composto**, nel caso di una rendita periodica posticipata immediata di n rate costanti, in cui il tasso di interesse, per un periodo

$p = t_{k+1} - t_k$, ed i , il **valore attuale della rendita** al tempo $t = t_0$ equivale alla somma dei valori attuali delle singole rate della rendita (ovvero il capitale C dato in prestito):

$$Va(t_0) = \sum_{k=0}^{n} R_k \frac{1}{(1+i)^k}$$

e poiché la rendita è posticipata, immediata e a rata costante, ovvero $R0=0$ e $R1=R2=\ldots=Rn=R$, si ha:

$$Va(t_0) = R \sum_{k=0}^{n} \frac{1}{(1+i)^k}$$

Osservando che $\displaystyle\sum_{k=1}^{n} \frac{1}{(1+i)^k}$ è una serie

geometrica di ragione $\dfrac{1}{(1+i)}$

e sapendo che per una serie geometrica vale l'uguaglianza

$$\sum_{k=1}^{n} v^k = v \frac{1-v^n}{1-v}$$

sostituendo $v = \dfrac{1}{(1+i)}$ otteniamo

$$\frac{v*[1-(1+i)^{-n}]}{(1-v)} = \frac{1}{(1+i)} * \frac{[1-(1+i)^{-n}]}{(1 - \frac{1}{1+i})} = \frac{(1+i)}{(1+i)} * \frac{[1-(1+i)^{-n}]}{(1-1+i)}$$

ovvero $\dfrac{1-(1+i)^{-n}}{i}$

Quindi, ponendo

$$\sum_{k=1}^{n} \frac{1}{(1+i)^k} = \sum_{k=1}^{n} v^k = \frac{1-(1+i)^{-n}}{i}$$

il valore attuale $Va(t0)$ di una rendita immediata di n rate R costanti e posticipate, nel **regime finanziario ad interesse composto**, si può scrivere come:

$$Va(t_0) = R \frac{1-(1+i)^{-n}}{i}$$

da cui è possibile ottenere la formula per il calcolo della rata:

$$R = Va(t_0) \frac{i}{1-(1+i)^{-n}}$$

Come si vedrà, la formula per il calcolo della rata nell'ammortamento *"francese"* coincide con la formula per il calcolo della rata R di una rendita di n rate costanti e posticipate nel **regime ad interesse composto**.

Infatti, nell'ammortamento *"francese"* la somma ricevuta dal debitore è il valore attuale di una rendita a rate costanti e posticipate nel **regime ad interesse composto**.

Si sottolinea che il passaggio da

$$Va(t_0) = \sum_{k=0}^{n} R_k \frac{1}{(1+i)^k} \qquad a \qquad Va(t_0) = R\sum_{k=1}^{n} \frac{1}{(1+i)^k}$$

è possibile solo ed esclusivamente perché la rata R è costante per tutta la durata della rendita, quindi il tasso d'interesse *i* non può assolutamente variare.

Si chiama ***montante di una rendita*** al tempo $t=t_n$ la somma complessiva dei montanti di tutte le rate che formano la rendita, cioè la somma di tutte le rate e di tutti gli interessi maturati ad un unica scadenza finale.

Il montante *M(tn)* di una rendita immediata di *n* rate R costanti e posticipate, nel ***regime ad interesse composto***, è dato da:

$$M(t_n) = R[1 + (1+i) + (1+i)^2 + \ldots + (1+i)^{(n-2)} + (1+i)^{(n-1)}]$$

Osservando che

$$\sum_{k=0}^{n-1} (1+i)^k$$

è una **serie geometrica**

di ragione $v = (1+i)$ e sapendo che per una serie geometrica

vale l'uguaglianza,
$$\sum_{k=0}^{n-1} v^k = \frac{1-v^n}{1-v}$$

sostituendo si ha:
$$\sum_{k=0}^{n-1} v^k = \frac{(1+i)^n - 1}{i}$$

Quindi, il montante M(tn) di una rendita di n rate R costanti e posticipate, nel **regime finanziario ad interesse composto**, si può scrivere come:

$$M(t_n) = R \, \frac{(1+i)^n - 1}{i}$$

ed è possibile ottenere il valore attuale $Va(t_0)$ della rendita applicando un fattore di sconto $[(1+i)^{-n}]$ sul montante calcolato:

$$Va(t_0) = R \, \frac{(1+i)^n - 1}{i} \, (1+i)^{-n} \qquad Va(t_0) = R \, \frac{1 - (1+i)^{-n}}{i}$$

Quindi, per la legge di scindibilità, in capitalizzazione composta, è possibile calcolare il valore attuale della rendita in due modi distinti che portano allo stesso risultato:

a) direttamente, come somma dei valori attuali delle singole rate della rendita, applicando fattori di sconto su ogni singola rata,

b) indirettamente, calcolando il montante della rendita come somma dei montanti delle singole rate ed applicando un unico fattore di sconto sull'intero montante.

È quindi evidente che la formula per il calcolo della rata sottostà alla legge di scindibilità ed inoltre, per la legge di scindibilità, non esistono rendite a rate costanti nel regime ad interesse semplice.

5.8   Leggi di equivalenza finanziaria

Brevemente, indicando con k il numero di capitalizzazioni per anno, i_k il tasso periodale con periodicità $1/k$ ed i il tasso annuo, nel **_regime di capitalizzazione semplice_** si ha:

$$i_k = \frac{i}{k} \quad e \quad i = i_k\, k$$

mentre, nel _regime di capitalizzazione composta_ si ha:

$$i_k = (1+i)^{(1/k)} - 1 \quad e \quad i = (1+i_k)^k - 1$$

Per determinare la relazione esistente tra due tassi unitari is (nel regime semplice) ed ic (nel regime composto) è sufficiente uguagliare i montanti che sono prodotti nello stesso periodo di tempo t e dallo stesso capitale C:

$$Da\ cui \quad i_s = \frac{(1+i_c)^t - 1}{t} \quad e \quad i_c = \sqrt[t]{(1+i_s t)} - 1$$

Si può notare come l'equivalenza dipenda dalla durata della capitalizzazione.

5.9 Tasso nominale e tasso effettivo

Gli accordi fra creditore e debitore possono portare a definire una frequenza dei pagamenti diversa da quella con la quale maturano gli interessi: ad esempio, è possibile arrivare ad accordarsi su un tasso di interesse annuo, ma prevedere che i flussi di cassa (ad esempio, i rimborsi del debitore al creditore) si manifestino ogni mese.

In questi casi il tasso di interesse riferito su base annua non rispecchia più il reale costo del denaro che il debitore sostiene: pertanto, si deve distinguere fra questo tasso d' interesse (*tasso nominale*) ed il tasso che esprime realmente gli importi guadagnati o dovuti per l'investimento (*tasso effettivo*).

A sua volta, il tasso di interesse effettivo può essere distinto in *tasso di interesse effettivo annuale* e *tasso di interesse effettivo periodale*: il primo esprime gli interessi effettivamente maturati nell'arco di un anno di investimento, mentre il secondo gli interessi effettivamente maturati nel singolo periodo di interesse.

Naturalmente, i tre tassi di interesse sono in relazione fra loro. In particolare, il tasso di interesse nominale è sempre espresso su base annuale e si ottiene moltiplicando il tasso di interesse effettivo periodale per il numero di periodi in cui l'anno è ripartito.

Se ad esempio, nel **regime di capitalizzazione composta**, si investono dei soldi ad un tasso effettivo mensile del 0,5% il TAN è pari al 6% (0,5% moltiplicato per 12). Ma il tasso annuo effettivo sarà maggiore per effetto della capitalizzazione composta mensile.

Conoscendo il TAN (è un *tasso convertibile*), il tasso annuo effettivo può essere calcolato con la formula:

$$i = \left(1 + \frac{J_k}{k}\right)^k - 1$$

dove i rappresenta il tasso annuo effettivo, J_k il TAN e k il numero di capitalizzazioni per anno.

Il tasso di interesse effettivo periodale è pari a: $\dfrac{J_k}{k}$

Dunque, ad un TAN del 6% per effetto della capitalizzazione composta mensile corrisponde un tasso annuo effettivo del 6,167%:

$$i = \left(1 + \frac{0,06}{12}\right)^{12} - 1 = 6,167 \ \%$$

ed il tasso di interesse effettivo periodale è pari a:

$$\frac{J_k}{k} = \frac{0,06}{12} = 0,5 \ \%$$

Quindi, tanto più il pagamento è frazionato, tanto più ampia sarà la differenza tra tasso nominale e tasso effettivo. Si deduce che l'applicazione del tasso di interesse effettivo periodale composto con una frequenza maggiore rispetto a quella annuale <u>produce effetti diversi da quelli dichiarati dal tasso di interesse nominale annuo</u>.

Dunque, quando la capitalizzazione degli interessi non avviene annualmente, ma con cadenze temporali più frequenti (ad esempio mensile, trimestrale, etc.) è necessario valutare l'investimento con il tasso di interesse riferito al periodo di capitalizzazione.

<u>Di solito nelle clausole contrattuali non è esplicitato il tasso periodale o il tasso annuo</u> effettivo ma il tasso annuo nominale. Nasce quindi l'esigenza di convertire il tasso annuo nominale in **tasso periodale equivalente** in base al regime finanziario.

Considerando le leggi di equivalenza finanziaria, nel **regime di capitalizzazione semplice** il tasso periodale equivalente è dato da:

$$\frac{J_k}{k} = \frac{0,06}{12} = 0,5 \ \%$$

mentre, nel **regime di capitalizzazione composta** il tasso periodale equivalente è dato da:

$$i = \left(1 + J_k\right)^{(1/k)} - 1 \quad \rightarrow$$

$$i = \left(1 + 0,06\right)^{(1/12)} - 1 = 0,48675\,\%$$

Capitolo 6: PDA a rata fissa e l'inganno dell'anatocismo nascosto

6.1 Costruzione PDA standard[55] a rata fissa

L'ammortamento *"francese"* prevede che le rate siano posticipate e che la somma ricevuta dal debitore sia il valore attuale di una rendita a rate costanti. Di seguito produrremo quello che il *gotha* della matematica finanziaria ci ha sempre mostrato come procedura di esecuzione standard per la costruzione del piano di ammortamento con rata fissa e tasso fisso, ovvero la determinazione della quota capitale successivamente al calcolo della rata e dell'interesse. Nei prossimi paragrafi evidenzieremo la presenza reale dell'anatocismo nei due modi seguenti:

1. Mostrando la formula per il calcolo della rata che sottostà alla legge di scindibilità implicando così la capitalizzazione degli interessi

2. Mostrando la reale metodologia di calcolo della rata anatocistica che prevede, in realtà, dopo aver calcolato la rata, di determinare tutte le quote capitale e poi tutte le quote interesse, tutto in funzione esclusivamente della

---

[55] Questa è la metodologia che il *gotha* della matematica ci ha sempre raccontato di utilizzare nel determinare i piani di ammortamento

sola prima quota capitale e dell'interesse periodale in regime finanziario di interesse composto.

Si consideri come esempio l'ammortamento di 50.000 Euro in 10 rate semestrali di 5.861,53 Euro al tasso annuo del 6%. La procedura per i calcoli relativi alla prima scadenza è la seguente (si considera a scopo esemplificativo il tasso periodale effettivo):

a) *Calcolare la quota interessi maturata alla scadenza della prima rata.*

Trattandosi di una rata semestrale bisognerà moltiplicare il debito del periodo (50.000 Euro) per il tasso del periodo (poiché il tasso annuo è 6%, il tasso di un semestre sarà pari alla metà, cioè il 3%). La quota interessi ammonterà perciò a 50.000 x 3% = 1.500.

b) *Ricavare la quota capitale per differenza tra rata e quota interessi.*

Una semplice sottrazione permetterà di ottenere la quota capitale: 5.861,53 (rata) - 1.500 (quota interessi calcolata al punto 1) = 4.361,53.

c) Quantificare il debito residuo dopo il pagamento della rata.

Si ricava sottraendo dall'ultimo debito residuo del piano (in questo caso quello originario) la quota capitale calcolata al punto 2, così: 50.000 (debito) - 4.361,53 = 45.638,47.

La procedura per i calcoli relativi alla seconda scadenza è identica.

La quota interessi scenderà perché verrà calcolata sul nuovo debito residuo di 45.638,47.

Applicandovi il tasso semestrale del 3% gli interessi ammonteranno a 1.369,15.

La quota capitale crescerà di conseguenza e sarà pari a 5.861,53 (rata) - 1.369,15 (quota interessi) = 4.492,37. Quindi il debito residuo si ridurrà maggiormente con il pagamento della rata, in questo modo: 45.638,47 (ultimo debito residuo) - 4.492.37 (quota capitale) = 41.146,10.

Di seguito si riporta il piano di ammortamento.

N	Scadenza	Tasso	Rata	Quota Interessi	Quota Capitale	Debito Residuo
1	31/12/2010	3,00%	5.861,53	1.500,00	4.361,53	45.638,47
2	30/06/2011	3,00%	5.861,53	1.369,15	4.492,37	41.146,10
3	31/12/2011	3,00%	5.861,53	1.234,38	4.627,14	36.518,96
4	30/06/2012	3,00%	5.861,53	1.095,57	4.765,96	31.753,00
5	31/12/2012	3,00%	5.861,53	952,59	4.908,94	26.844,07
6	30/06/2013	3,00%	5.861,53	805,32	5.056,20	21.787,87
7	31/12/2013	3,00%	5.861,53	653,64	5.207,89	16.579,98
8	30/06/2014	3,00%	5.861,53	497,40	5.364,13	11.215,85
9	31/12/2014	3,00%	5.861,53	336,48	5.525,05	5.690,80
10	30/06/2015	3,00%	5.861,53	170,72	5.690,80	0,00
	TOTALE		58.615,25	8.615,25	50.000,00	

Si osserva che la quota di interessi è più alta nel primo periodo e decresce nel corso dell'ammortamento, mentre, al contrario, la quota di capitale è più bassa all'inizio e cresce **progressivamente**.

Per questo motivo l'ammortamento "*francese*" è anche detto "*progressivo*".

Inoltre, si osserva che la specifica somma delle due quote per come vengono calcolate compongono una rata **costante**, ossia di importo sempre uguale per tutta la durata dell'ammortamento.

Per questo motivo l'ammortamento detto alla *"francese"* è anche detto *"a rata costante"*.

6.2 Costruzione PDA e anatocismo nell'ammortamento a rata fissa

Le formule che determinano l'importo della rata costante effettuano una distribuzione di quote capitali di importo crescente e di quote interessi decrescenti, secondo il regime di calcolo ad *interesse composto,* che capitalizza gli interessi dando luogo ad *anatocismo*.

La formula che determina l'importo della rata (e l'anatocismo) è la seguente:

$$R = \frac{C*i}{1-(1+i)^{-n}}$$

dove R è la rata, C il capitale iniziale, i il tasso di interesse periodale ed n il numero di rate. Infatti, nell'esempio proposto la rata è esattamente pari a:

$$R = 50.000 \, \frac{0,03}{1-(1+0,03)^{-10}} = 5.861,53$$

Si osserva che la formula in questione corrisponde alla formula per il calcolo della rata R di una rendita di n rate costanti e posticipate nel *regime ad interesse composto*.

Infatti, nell'ammortamento a rata fissa la somma ricevuta dal debitore è il valore attuale di una rendita a rate costanti posticipate nel *regime ad interesse composto*.

Calcolando il valore attuale nel *regime ad interesse composto* si ottiene il capitale iniziale:

$$Va(t_0) = R \frac{1-(1+i)^{-n}}{i} \rightarrow$$

$$Va(t_0) = 5.861,53 \frac{1-(1+0,03)^{-10}}{0,03} = 50.000$$

Inoltre, si osserva che le quote capitali crescono sempre esponenzialmente secondo una legge di

progressione geometrica la cui ragione è $1+i$ che è tipica della capitalizzazione composta.

Nell'esempio proposto la progressione geometrica ha ragione pari a $1+0,03 = 1,03$:

$$\frac{C_2}{C_1} = \frac{4.492,37}{4.361,53} = 1,03 \quad e \quad \frac{C_7}{C_6} = \frac{5.207,89}{5.056,20} = 1,03$$

Inoltre, per l'attualizzazione delle rate nel *regime ad interesse composto* si ha:

$$C_k = \frac{R}{(1+i)^{(n-k+1)}} \rightarrow C_5 = \frac{5.861,53}{(1+0,03)^6} = 4.908,94$$

dove C_k è la quota capitale relativa alla k-esima rata, n il numero di rate e n-k+1 è il tempo di attualizzazione che è pari al numero di rate non ancora scadute.

La quota interessi I_k relativa alla k-esima rata è in realtà calcolata successivamente e per differenza:

$$I_k = R - C_k \rightarrow I_5 = 5.861,53 - 4.908,94 = 952,59$$

Poiché la somma di tutte le quote capitali contenute nelle rate deve ammontare all'importo originario del prestito (S), <u>deve essere soddisfatto il vincolo di equivalenza finanziaria</u>:

$$S = \sum_{k=1}^{n} C_k$$

Quindi

$$S = C_1 + C_2 + C_3 + \ldots + C_{k-2} + C_{k-1} + C_k + C_{k+1} + \ldots + C_{n-2} +$$
$$C_{n-1} + C_n$$

considerando inoltre, che nel PDA alla francese le quote capitali sono una serie geometrica[56], abbiamo

$$C_2 = C_1(1+i)$$
$$C_3 = C_2(1+i) = C_1(1+i)*(1+i)$$

$\ldots$

$$C_{k-1} = C_{k-2}(1+i) = C_1(1+i)^{k-2}$$
$$C_k = C_{k-1}(1+i) = C_1(1+i)^{k-1}$$
$$C_{k+1} = C_k(1+i) = C_1(1+i)^{k}$$
$$C_{k+2} = C_{k+1}(1+i) = C_1(1+i)^{k+1}$$

$\ldots$

$$C_{n-1} = C_{n-2}(1+i) = C_1(1+i)^{n-2}$$

---

[56] Dimostrazione del legame tra le quote capitali in una progressione geometrica di ragione (1+i)

$$C_n = C_{n-1}(1+i) = C_1(1+i)^{n-1}$$

Ed essendo sempre l'ultima rata di questo tipo di piano di ammortamento definita così: $R = C_n(1+i)$

sostituendo C_n in funzione di C_1 si ha **la formula segreta per il calcolo della rata legata alla legge di scindibilità**:

$$R = C_1(1+i)^{n-1}*(1+i) = C_1(1+i)^n$$

da cui $C_1 = R/(1+i)^n$

Sostituendo il valore di C_1 in $C_k = C_1(1+i)^{k-1}$, si ha

La formula segreta legata alla scindibilità ed alle quote capitali in progressione geometrica

$$C_k = R/(1+i)^n *(1+i)^{k-1} = R*(1+i)^{-n+k-1}$$

e da questa deriviamo il calcolo della rata

$$R = C_k(1+i)^{n-k+1}$$

Considerando l'interesse periodale i, il numero di rate n ed essendo R la rata fissa, è dimostrato come sia possibile costruire tutte le quote capitali del piano di ammortamento partendo dalla rata e dalla formula per la quota capitale generica k:

$$C_k = (1+i)^{k-1}*R/(1+i)^n = R*(1+i)^{-n+k-1}$$

con k che varia da 1 ad n

è evidente come le quote capitali sono una serie geometrica che sottostanno alla legge di scindibilità e che il valore della rata R è fisso e che le quote interesse sono derivate dalla rata e dalle quote capitali come $I_k = R - C_k$.

Tutte le rate sono quindi anche calcolabili con la seguente formula in **regime di interesse composto**:

$$R = C_k(1+i)^{n-k+1} \text{ o anche } R = C_1(1+i)^n$$

Considerando che in questo tipo di ammortamento le quote capitali sono scindibili, per dimostrare l'anatocismo è sufficiente, come abbiamo dimostrato, che le quote capitali sottostanno alla legge di scindibilità. Grazie alla legge di scindibilità è dimostrato che all'interno del piano di ammortamento è possibile attualizzare una qualsiasi quota capitale per ottenere sempre la stessa rata. Quindi, interrompendo il contratto in qualsiasi periodo intermedio e attualizzando la singola quota capitale otteniamo sempre lo stesso montante.

Prendendo un'altra rata qualsiasi del piano di ammortamento e applicando la medesima formula, otteniamo sempre il medesimo valore della rata.

Pertanto, abbiamo dimostrato che la rata è scindibile e che la formula per il calcolo della rata sottostà alla legge di scindibilità.

Il montante finale (Mt), generato dal piano di ammortamento come esborso totale del debitore, sottostà anch'esso alla legge di scindibilità, perché è a rata costante e tasso di interesse costante

$$Mt = n*R, \quad \text{ovvero}$$

$$Mt = n*C_k(1+i)^{n-k+1} = n*C_1(1+i)^{k-1} * (1+i)^{n-k+1}$$
$$Mt = n*C1(1+i)^n$$

dove C_k è la quota capitale relativa alla k-esima rata, n il numero di rate e n-k+1 è il tempo di capitalizzazione futura che <u>è pari al numero di rate non ancora scadute.</u>

Per questo motivo, quando si afferma che nell'ammortamento francese non esiste il fenomeno del calcolo dell'interesse sugli interessi già maturati (anatocismo), argomentando che di fatto si "pagano" gli interessi solo sul capitale residuo da restituire ed escludendo la possibilità di calcolo degli interessi sulla componente di interessi già corrisposta, si ignora il fatto che in realtà il debito residuo ed anche gli interessi sulle singole rate sono funzioni della quota capitale che, a sua volta, dipende dal calcolo della rata costante, che è anche calcolata nel regime finanziario della capitalizzazione composta. In particolare mostreremo l'anatocismo che viene fuori dalla principale formula segreta tra qualche paragrafo dimostrando come viene effettuato il calcolo dell'interesse di rata.

Se ora S=Mt, nel *regime ad interesse composto* possiamo scrivere:

$$S = \sum_{k=1}^{n} \frac{R}{(1+i)^{(n-k+1)}}$$

e sapendo che vale l'uguaglianza:

$$\sum_{k=0}^{n} \frac{1}{(1+i)^{(n-k)}} = \sum_{k=0}^{n} \frac{1}{(1+i)^{k}}$$

che, corrisponde al valore attuale al tempo $t = t_0$ di una rendita immediata a rate costanti e posticipate nel **regime ad interesse composto** ovvero alla somma dei valori attuali delle singole rate.

Quindi, fino qui abbiamo dimostrato come nell'ammortamento *"francese"* c'è anatocismo in quanto il regime finanziario è quello della capitalizzazione composta ed il calcolo della rata avviene secondo la legge di scindibilità. Per capire come realmente sono calcolati gli interessi è necessario *"leggere tra le righe"* del piano di ammortamento.

Gli interessi sono calcolati sulla quota capitale secondo la formula dell'interesse composto. La rata R è il montante che si ottiene calcolando gli interessi a partire dalla quota capitale nel regime di capitalizzazione composta.

Dunque, la rata è già comprensiva degli interessi anatocistici.

Come è stato già detto, gli interessi possono essere calcolati applicando il tasso di interesse sul debito residuo che va sempre a decrescere. Questo non è in contrasto con quanto dimostrato. Come è stato già detto e come dimostreremo, la rate inglobano in sé interessi che sono già anatocistici.

Infatti, il debito residuo sul quale sono calcolati gli interessi decresce in dipendenza delle quote capitali che aumentano esponenzialmente secondo una legge di progressione geometrica tipica della capitalizzazione composta. In altri termini, si può dire che il debito residuo decresce tenendo conto dell'anatocismo.

Inoltre, le quote capitali (che riducono il debito) potrebbero anche essere calcolate per differenza tra la rata e gli interessi, ma la rata è sempre calcolata in regime di capitalizzazione composta inglobando in sé gli interessi anatocistici. Quindi <u>il debito residuo decresce tenendo conto dell'anatocismo</u>.

Inoltre, in precedenza è stato dimostrato che per la legge di scindibilità è impossibile avere rendite a rate costanti nel regime di capitalizzazione semplice.

Dunque, l'ammortamento a rata francese non può assolutamente essere ad interesse semplice. D'altronde se andassimo a prendere il montante *M(tn)* di una rendita immediata di *n* rate R costanti e posticipate, nel **regime ad interesse composto**, dalla cui equazione abbiamo estratto la formula della rata,

$$M(t_n) = R*[1 + (1+i) + (1+i)^2 + .. + (1+i)^{n-2} + (1+i)^{n-1}]$$

osserveremmo che, essendo C il capitale iniziale pari a

$$C = c_1*[1 + (1+i) + (1+i)^2 + .. + (1+i)^{n-2} + (1+i)^{n-1}]$$

ed $R = c_1*(1+i)^n$

$$M(t_n) = c_1*(1+i)^n*[1 + (1+i) + (1+i)^2 + .. + (1+i)^{n-2} + (1+i)^{n-1}]$$

ossia, $M(t_n) = C*(1+i)^n$

il montante sottostà alla legge di scindibilità in regime finanziario di interesse composto.

6.3 Anatocismo nei mutui a rata fissa: dimostrazione della formula segreta n°1

Come abbiamo precedentemente osservato, la quota interesse di una rata in un piano di ammortamento a rata fissa è così determinata $I_k = R - C_k$.

Possiamo, inoltre, osservare le relazioni matematiche esistenti tra le quote di interesse nel piano di ammortamento:

$(I_{k-1} - I_k)/(I_{k-2} - I_{k-1}) = (1+i)$ [progressione geometrica per k>2]

Contemporaneamente, osservando le modalità di calcolo

dell'interesse nelle singole rate abbiamo

$I_1 = Capitale*i = [c_1 + c_2 + c_3 + \ldots + c_n]*i = R*[1 - (1+i)^{-n}]$

ed essendo sempre[57] (per k>1) $I_k = I_{k-1} - i*c_{k-1}$

possiamo derivare ora tutti gli altri interessi di rata come segue

$I_2 = I_1 - i*c_1 = [c_1 + c_2 + c_3 + \ldots + c_n]*i - i*c_1$

$I_2 = [c_2 + c_3 + \ldots + c_n]*i$

$I_3 = I_2 - i*c_2 = [c_2 + c_3 + \ldots + c_n]*i - i*c_2 = [c_3 + \ldots + c_n]*i$

$\ldots$

$I_k = I_{k-1} - i*c_{k-1} = [c_k + c_{k+1} + \ldots + c_n]*i$

$I_{k+1} = I_k - i*c_k = [c_{k+1} + c_{k+2} \ldots + c_n]*i$

---

[57]Notiamo dal piano di ammortamento che gli interessi contenuti nella k-esima rata si ottengono dagli interessi contenuti nella rata precedente, diminuiti degli interessi calcolati sulla quota capitale della rata precedente, che è stata estinta e quindi non è più fruttifera.

...

$$I_{n-1}=I_{n-2}- i*c_{n-2}=[c_{n-1}+ c_n]*i$$

$$I_n =I_{n-1}- i*c_{n-1}=c_n*i$$

e considerando il legame tra le quote capitali in progressione geometrica tra loro, abbiamo

$$c_n=c_1*(1+i)^{n-1}, \qquad c_{n-1}=c_1*(1+i)^{n-2} \quad ,.., \qquad c_{k+1}=c_1*(1+i)^k,$$
$$c_k=c_1*(1+i)^{k-1}$$

da cui derivano:

$$I_1=[c_1+c_1(1+i)+c_1(1+i)^2+\ldots+c_1(1+i)^{n-1}]*i$$

$$I_1=c_1*[1+(1+i)+(1+i)^2+\ldots+(1+i)^{n-1}]*i$$

...

$$I_n=c_1*i*(1+i)^{n-1}$$

$$I_{n-1}=I_{n-2}-i*c_{n-2}=[c_{n-1}+c_n]*i=[c_1*(1+i)^{n-2}+c_1*(1+i)^{n-1}]*i$$

$$I_{n-1}=c_1*i*[(1+i)^{n-2}+(1+i)^{n-1}]$$

...

$$I_{k+1}=I_k - i*c_k=[c_{k+1}+c_{k+2}\ldots+c_n]*i$$

$$=[c_1*(1+i)^k+c_1*(1+i)^{k+1}+..+c_1*(1+i)^{n-2}+c_1*(1+i)^{n-1}]*i$$

$$=c_1*i*[(1+i)^k+(1+i)^{k+1}+..+ (1+i)^{n-2}+ (1+i)^{n-1}]$$

$$I_k=I_{k-1} - i*c_{k-1}=[c_k+c_{k+1}+\ldots+c_{n-1}+c_n]*i$$

$$=[c_1*(1+i)^{k-1}+c_1*(1+i)^k+..+c_1*(1+i)^{n-2}+c_1*(1+i)^{n-1}]*i$$

$$=c_1*i*[(1+i)^{k-1}+(1+i)^k+..+(1+i)^{n-2}+(1+i)^{n-1}]$$

Da cui generalizzando gli sviluppi algebrici, otteniamo la formula segreta dell'anatocismo

$$I_k = c1 * i * \sum_{H=k}^{n} (1+i)^{H-1}$$

Ovvero, l'interesse della rata k-esima è generato a partire da una componente di interesse della prima rata (c1*i), ormai scaduta, che viene capitalizzata più volte nel regime finanziario composto.

$$\sum_{H=k}^{n} (1+i)^{H-1}$$

Questo tipo di interessi sono anatocistici perché sono generati a partire da altri interessi già precedentemente scaduti, capitalizzati nel futuro e sommati più volte tra loro; la somma di interessi anatocistici è anatocistica.

Dopo questa ulteriore dimostrazione matematica, invitiamo, vivamente, il lettore scettico, incredulo o il qualunquista che ignorava l'anatocismo nel piano di ammortamento a rata fissa, di eseguire tutte le verifiche, le prove ed i calcoli per convincersi del contrario. Provare per credere!

Renderemo ulteriormente evidente la presenza dell'anatocismo nei paragrafo 6.7 e 6.7.1, dove verranno evidenziate quali sono le componenti di interesse, pagate in una rata, che si trasformano in componenti di quote capitali, ripagate nelle rate successive, in evidente contrasto con l'art. 1283 del codice civile.

6.4   Calcolo degli interessi totali nel PDA in regime di interesse composto

In questo paragrafo vedremo una nuova formula segreta per il calcolo totale degli interessi nel piano di ammortamento alla francese a rata fissa partendo dalla formula segreta $R = C_k(1+i)^{n-k+1}$

ricaviamo che l'interesse della singola rata è pari a

$$I_k = R - C_k = R - R*(1+i)^{-n+k-1} = R*[1-(1+i)^{-n+k-1}]$$

Da questa formula andiamo a trovare la formula dell'interesse totale contenuto nel piano di ammortamento.

Facendo le dovute sostituzioni

Se k=n ➜ $I_n = R[1-(1+i)^{-1}]$

Se k=1 ➜ $I_1 = R[1-(1+i)^{-n}]$

Se k=2 ➜ $I_2 = R[1-(1+i)^{-n+1}]$

Se k=3 ➜ $I_3 = R[1-(1+i)^{-n+2}]$

Se k=n-1 ➜ $I_{n-1} = R[1-(1+i)^{-2}]$

Allora, possiamo verificare che gli interessi totali sono così definiti

$$\sum_{k=1}^{n} I_k = \sum_{k=1}^{n} R*[1-(1+i)^{-n+k-1}]$$

e ponendo

$$\sum_{k=1}^{n} \frac{1}{(1+i)^k} = \frac{1-(1+i)^{-n}}{i}$$

$$\sum_{k=1}^{n} I_k = \sum_{k=1}^{n} R - R\sum_{k=1}^{n}(1+i)^{-n+k-1} =$$

$$\sum_{k=1}^{n} I_k = n*R - R*[\frac{1-(1+i)^{-n}}{i}] = n*R - C$$

6.5   L'ammortamento a quota capitale fissa

L'ammortamento a quota capitale fissa prevede che ciascuna quota capitale sia costante.

Se consideriamo l'ammortamento di 50.000 Euro in 10 rate semestrali allora la quota capitale sarà pari a

50.000 / 10 = 5.000 Euro.

Il calcolo degli interessi maturati alla scadenza di ogni rata avverrà moltiplicando l'ultimo debito residuo per il tasso di periodo. Considerando un tasso annuo nominale del 6% il tasso di periodo semestrale del piano esaminato ammonterà al 3%.

Vediamo ora, per questo tipo di ammortamento, quello che è il processo standard di generazione delle rate che ci hanno sempre raccontato, per poi paragonarlo con la reale metodologia di costruzione del piano di ammortamento partendo dal capitale e dall'interesse periodale.

a) Calcolare la quota interessi maturata alla scadenza della prima rata.

Alla prima scadenza la quota interessi sarà pari a 50.000 (debito originario) x 3% = 1.500 Euro.

b) Calcolare la rata maturata alla scadenza della prima rata.

La rata nascerà dalla somma di 5.000 (quota capitale) e 1.500 (quota interessi) = 6.500 Euro.

c) Calcolo delle rate successive

Il calcolo delle rate successive avverrà con lo stesso procedimento. Gli interessi della seconda scadenza si calcoleranno sul debito residuo di 45.000 Euro, quelli della terza su 40.000 e così via fino al completamento del piano.

Si osserva che la costanza della quota capitale determina una rata decrescente nel tempo. Quanto agli interessi, la spesa risulterà più contenuta rispetto ad un piano a rata costante, qualche consulente direbbe "a causa della maggiore rapidità con cui viene abbattuto il capitale".

N.	Scadenza	Tasso	Rata	Q. Interessi	Q. Capitale	Debito Residuo
1	31/12/2010	3,00 %	6.500,00	1.500,00	5.000,00	45.000,00
2	30/06/2011	3,00 %	6.350,00	1.350,00	5.000,00	40.000,00
3	31/12/2011	3,00 %	6.200,00	1.200,00	5.000,00	35.000,00
4	30/06/2012	3,00 %	6.050,00	1.050,00	5.000,00	30.000,00
5	31/12/2012	3,00 %	5.900,00	900,00	5.000,00	25.000,00

6	30/06/2013	3,00 %	5.750,00	750,00	5.000,00	20.000,00
7	31/12/2013	3,00 %	5.600,00	600,00	5.000,00	15.000,00
8	30/06/2014	3,00 %	5.450,00	450,00	5.000,00	10.000,00
9	31/12/2014	3,00 %	5.300,00	300,00	5.000,00	5.000,00
10	30/06/2015	3,00 %	5.150,00	150,00	5.000,00	0,00
	TOTALI		**58.250,00**	**8.250,00**	**50.000,00**	

In realtà anche per questo piano di ammortamento ci sono delle formule segrete, sebbene gli interessi qui, non sono anatocistici. Le quote capitali rappresentano i termini di una **progressione aritmetica**. Infatti, la differenza tra ciascuna quota capitale e la sua precedente è una costante. Tale costante è detta **ragione** della progressione. In questo caso la ragione è pari a 0.

Inoltre, per l'attualizzazione delle rate nel **regime ad interesse semplice** si ha:

$$C_k = \frac{R}{(1+i(n-k+1))} \quad \rightarrow$$

$$C_5 = \frac{5.900,00}{(1+0,03*6)} = 5.000,00$$

dove C_k è la quota capitale relativa alla k-esima rata, n il numero di rate ed $n-k+1$ è il tempo di attualizzazione che <u>è pari al numero di rate non ancora scadute.</u>

La quota interessi I_k relativa alla k-esima rata si calcola anche qui per differenza:

$$I_k = R - C_k \quad \rightarrow \quad I_5 = 5.900,00 - 5.000,00 = 900,00$$

<u>Si conclude che nell'ammortamento a quota capitale fissa (detto all'italiana) non c'è anatocismo in quanto</u>

il regime finanziario è quello della capitalizzazione semplice.

Se vogliamo valutare il reale processo di costruzione del piano di ammortamento possiamo partire considerando la formula di generazione delle quote capitali in regime di capitalizzazione semplice

$$C_k = \frac{R_k}{(1+i(n-k+1))}$$

Osservando che $I_k = R_k - C_k$, se sostituiamo R_k

otteniamo $I_k = C_k[1+i(n-k+1)] - C_k = C_k * i(n-k+1)$

Quindi conoscendo il capitale iniziale ed il numero di rate n possiamo ottenere subito la quota capitale costante che si ripeterà in tutte le n rate.

$Q_c = $Capitale$/n$

In questo tipo di piano di ammortamento $Q_c = C_k$.

per cui, facendo variare k da 1 ad n possiamo calcolare tutti gli interessi a partire dalla formula precedente:

$I_k = Q_c * i(n-k+1)$ da questa otteniamo anche il valore di tutte le rate come :

$R_k = Q_c + I_k = Q_c + Q_c * i(n-k+1) = Q_{c*}[1 + i(n-k+1)]$

Considerando una rendita posticipata costituita da *n* rate variabili in progressione aritmetica crescente di ragione *d*; indicando con *R* la prima rata, le rate della rendita saranno:

$R, R+d, R+2d, ... R+(n-1)d$

è possibile considerare l'ultima rata del piano di ammortamento *"italiano"* come la prima rata di una rendita a rate variabili in progressione aritmetica la cui ragione è 150.

Quindi, nell'ammortamento *"italiano"* non solo le quote capitali, ma anche le quote interessi e le rate rappresentano i termini di **progressioni aritmetiche**. A dimostrazione del fatto che la progressione aritmetica è tipica della capitalizzazione semplice.

6.6 Calcolo degli interessi totali nel PDA in regime di interesse semplice

Come abbiamo visto, in regime di interesse semplice vale la seguente formula per il calcolo delle quote capitali:

$$C_k = \frac{R_k}{\left(1 + i\left(n - k + 1\right)\right)}$$

Dove k è il numero della rata k-esima, i l'interesse periodale ed n il numero totale di rate del piano di ammortamento.

Se consideriamo gli interessi della singola rata k-esima

$I_k = R_k - C_k \rightarrow I_k = C_k[1 + i(n-k+1)] - C_k = \mathbf{C_k * i(n-k+1)}$

allora gli interessi totali sono così definiti

$$\sum_{k=1}^{n} I_k = \sum_{k=1}^{n} C_k * i * (n-k+1)$$

essendo C_k=Capitale_prestato/numero_rate
(ovvero un valore costante per tutte le rate) ed essendo

$$\sum_{k=1}^{n}(n\text{-}k+1) = \sum_{k=1}^{n} k = \frac{(n+1)*n}{2}$$

La formula segreta per gli interessi totali del piano di ammortamento in regime di interesse semplice è:

$$I_{tot} = C_k * i * \frac{(n+1)*n}{2} = \frac{C}{n} * i * \frac{(n+1)*n}{2} =$$

$$I_{tot} = C * i * \frac{(n+1)}{2}$$

6.7   Calcolo degli interessi anatocistici

E' stato dimostrato che, per la legge di scindibilità, non può esistere una rendita a rate costanti nel regime ad interesse semplice e che la stessa legge di scindibilità è applicabile soltanto quando le varie operazioni sono riferite allo stesso tasso, ma soprattutto che la scindibilità non è applicabile in regime di capitalizzazione semplice.

Poiché non può esistere una rendita a rate costanti nel regime di capitalizzazione semplice, nell'ammortamento "*francese*" non è possibile scorporare gli interessi che sono anatocistici da quelli che non lo sono. In altri termini, l'anatocismo c'è ma non può essere quantificato.

Se esistesse una rendita a rate costanti nel regime ad interesse semplice allora l'anatocismo corrisponderebbe alla differenza tra gli interessi calcolati con questo tipo di rendita e gli interessi dell'ammortamento *"francese"*.

Considerando le diversità tra i tipi di rendita, si può stimare l'anatocismo procedendo in due modi distinti:

a) Si confronta con l'ammortamento a rata fissa con quello a quota capitale fissa.

Il totale interessi dell'ammortamento *"francese"* ammonta a 8.615,25 Euro. Il totale interessi dell'ammortamento *"italiano"* ammonta a 8.250,00 Euro. La differenza è pari a 365,25 Euro e rappresenta una stima dell'anatocismo dell'ammortamento *"francese"*.

La differenza tra gli interessi calcolati nei due piani di ammortamento non è legata solo all'anatocismo ma anche ad una differente costruzione delle rate. Quindi, per quanto riguarda l'anatocismo, i due piani non sono confrontabili in modo assoluto.

Se consideriamo gli interessi anatocistici come quelli dovuti in più nel regime di interesse composto rispetto a quelli nell'interesse semplice, considerando n il numero di rate, C il capitale prestato ed R il valore della rata, possiamo scrivere

$$I_{anatocistici} = I_{regime\ composto} - I_{regime\ semplice} =$$

$$I_{anatocistici} = n*R - C - C*i*\frac{(n+1)}{2}$$

b) Si considera la somma S dei valori attuali in regime semplice delle singole rate:

$$S = R \sum_{k=1}^{n} \frac{1}{(1+ik)} \quad \rightarrow \quad R = \frac{S}{\sum\limits_{k=1}^{n} (1+ik)^{-1}}$$

In questo modo, se la rata fosse calcolata al tasso semestrale del 3% essa sarebbe inferiore a quella a quote capitali fisse e pari a 5.793,00 Euro, infatti:

$$R = \frac{50.000}{\sum\limits_{k=1}^{10} (1+0,03*k)^{-1}} = 5.793,00$$

Inoltre utilizzando la formula per il calcolo delle quote capitali in regime di interesse semplice:

$$C_k = \frac{R_k}{(1+i(n-k+1))}$$

e calcolando gli interessi di rata come Ik=Rk-Ck

riportiamo il piano di rientro del capitale.

N	Scadenza	Tasso	Rata	Quota Interessi	Quota Capitale	Debito Residuo
1	31/12/2010	3,000 %	5.793,00	1.336,85	4.456,15	45.543,85
2	30/06/2011	3,000 %	5.793,00	1.231,58	4.561,41	40.982,43

3	31/12/2011	3,000 %	5.793,00	1.121,23	4.671,77	36.310,66
4	30/06/2012	3,000 %	5.793,00	1.005,40	4.787,60	31.523,06
5	31/12/2012	3,000 %	5.793,00	883,68	4.909,32	26.613,74
6	30/06/2013	3,000 %	5.793,00	755,61	5.037,39	21.576,35
7	31/12/2013	3,000 %	5.793,00	620,68	5.172,32	16.404,04
8	30/06/2014	3,000 %	5.793,00	478,32	5.314,68	11.089,36
9	31/12/2014	3,000 %	5.793,00	327,91	5.465,09	5.624,27
10	30/06/2015	3,000 %	5.793,00	168,73	5.624,27	0,00
	TOTALI		57.930,00	7.930,00	50.000,00	

La differenza tra gli interessi calcolati nel piano di ammortamento a rata fissa e quelli calcolati nel piano di rientro proposto è una buona stima dell'anatocismo. In questo caso è pari a 8.615,25 - 7.930,00 = 685,25 Euro.

Si osserva che, per l'attualizzazione delle rate nel **regime ad interesse semplice** si ha:

$$C_k = \frac{R}{(1 + i(n - k + 1))} \quad \rightarrow$$

$$C_5 = \frac{5.793,00}{(1 + 0,03 * 6)} = 4.909,32$$

dove C_k è la quota capitale relativa alla k-esima rata, n il numero di rate e n-k+1 è il tempo di attualizzazione che è pari al numero di rate non ancora scadute.

La quota interessi I_k relativa alla k-esima rata si calcola per differenza:

$$I_k = R - C_k \quad \rightarrow \quad I_5 = 5.793,00 - 4.909,32 = 883,68$$

Si osserva che le quote capitali non sono in progressione aritmetica. Per questo motivo non è possibile parlare di piano di ammortamento in capitalizzazione semplice.

E' l'ulteriore conferma che, come è stato già detto, non può esistere un piano di ammortamento a rate costanti nel regime ad interesse semplice.

Sulla base dell'esperienza, in fase di giudiziale, suggeriamo di utilizzare il metodo b).

6.7.1 Capitalizzazione dell'interesse ovvero l'interesse che diventa capitale

La capitalizzazione è il procedimento attraverso il quale avviene la trasformazione dell'interesse in capitale, vengono così determinati gli interessi maturati sul capitale iniziale. Andremo ora a valutare come, nel piano di ammortamento alla francese in regime di interesse composto, la componente di interesse di una rata, pagata anticipatamente, diventa capitale nella rata successiva e si capitalizza dimostrando ulteriormente che siamo in presenza di interesse anatocistico.

Ricordando la formula segreta per il calcolo degli interessi

$$I_k = c1 * i * \sum_{H=k}^{n} (1+i)^{H-1}$$

e considerando le singole rate del piano di ammortamento come composte ognuna da quota capitale e quota interesse, ricordando che le rate nel piano di ammortamento sono uguali, possiamo osservare le componenti delle quote interesse di una rata che si trasformano, si capitalizzano, diventano componente della quota capitale nella rata successiva:

$\mathbf{R_1 = c_1 + I_1 = c_1 + C*i}$;

dove $c_1 = c_1$

e

$I_1 = c_1*i*[1 + (1+i) + (1+i)^2 + ... + (1+i)^{n-1}]$

ovvero $I_1 = \mathbf{[c_1*i]} + c_1*i*[(1+i) + (1+i)^2 + ... + (1+i)^{n-1}]$

in cui $\mathbf{[c_1*i]}$ **è la quota di interesse che diventerà capitale nella rata successiva** $\mathbf{R_2}$

$\mathbf{R_2 = c_2 + I_2}$;

dove $c_2 = c_1*(1+i) = c_1 + \mathbf{[c_1*i]}$

e

$I_2 = C*i - c1*i = c_1*i*[1 + (1+i) + (1+i)^2 + .. + (1+i)^{n-1}] - c_1*i$

ovvero $I_2 = c_1*i*[(1+i) + (1+i)^2 + ... + (1+i)^{n-1}]$

$\qquad I_2 = \mathbf{[c_1*i*(1+i)]} + c_1*i*[(1+i)^2 + ... + (1+i)^{n-1}]$

in cui

$\mathbf{[c_1*i*(1+i)]}$ **è la quota di interesse che diventerà capitale nella rata successiva** $\mathbf{R_3}$

$\mathbf{R_3 = c_3 + I_3}$

dove $c_3 = c_1*(1+i)^2 = c_1*(1+i)*(1+i) = (c_1 + c_1*i)*(1+i)$

$\qquad c_3 = c_1*(1+i) + c_1*i + c_1*i^2$

ovvero $c_3 = c_1*(1+i) + \mathbf{[c_1*i(1+i)]} = c_2 + \mathbf{[c_1*i(1+i)]}$;

e

$$I_3 = C*i - c_1*i - c_1*i(1+i) = c_1*i*[(1+i)^2 + \ldots + (1+i)^{n-1}]$$

ovvero $I_3 = [\mathbf{c_1*i*(1+i)^2}] + c_1*i*[(1+i)^3 + \ldots + (1+i)^{n-1}]$

in cui

$[\mathbf{c_1*i*(1+i)^2}]$ è la quota di interesse che diventerà capitale nella rata successiva $\mathbf{R_4}$

$$\mathbf{R_4 = c_4 + I_4}$$

Dove $c_4 = c_1*(1+i)^3 = c_1*(1+i)*(1+i)^2$

$\qquad c_4 = (c_1 + c_1*i)*(1+i)^2 = c_1*(1+i)^2 + c_1*i*(1+i)^2$

ovvero $c_4 = c_3 + [\mathbf{c_1*i*(1+i)^2}]$

ed

$$I_4 = C*i - c_1*i - c_1*i(1+i) - c_1*i(1+i)^2 =$$
$$I_4 = c_1*i*[(1+i)^3 + \ldots + (1+i)^{n-1}]$$

ovvero

$$I_4 = [\mathbf{c_1*i*(1+i)^3}] + c_1*i*[(1+i)^4 + \ldots + (1+i)^{n-1}]$$

in cui

$[\mathbf{c_1*i*(1+i)^3}]$ è la quota di interesse che diventerà capitale nella rata successiva $\mathbf{R_5}$

$$\mathbf{R_5 = c_5 + I_5}$$

dove $c_5 = c_1*(1+i)^4 = c_1*(1+i)*(1+i)^3 = c_1*(1+i)^3 + c_1*i*(1+i)^3$

$\qquad c_5 = c_4 + [\mathbf{c_1*i*(1+i)^3}]$

ed $I_5 = C*i - c1*i - c_1(1+i) - c_1(1+i)^2 - c_1*(1+i)^3$

$$I_5 = c_1 * i * [(1+i)^4 + \ldots + (1+i)^{n-1}]$$

ovvero $I_5 = [\mathbf{c_1 * i * (1+i)^4}] + c_1 * i * [(1+i)^5 + \ldots + (1+i)^{n-1}]$

in cui

$[\mathbf{c_1 * i * (1+i)^4}]$ **è la quota di interesse che diventerà capitale nella rata successiva R_6**

...

$$\mathbf{R_{k-1} = c_{k-1} + I_{k-1}}$$

dove $c_{k-1} = c_1 * (1+i)^{k-2} = c_{k-2} + [\mathbf{c_1 * i * (1+i)^{k-3}}]$

ed $I_{k-1} = c_1 * i * [(1+i)^{k-2} + (1+i)^{k-1} + \ldots + (1+i)^{n-1}]$

ovvero

$I_{k-1} = [\mathbf{c_1 * i * (1+i)^{k-2}}] + c_1 * i * [(1+i)^{k-1} + (1+i)^k + \ldots + (1+i)^{n-1}]$

in cui $[\mathbf{c_1 * i * (1+i)^{k-2}}]$

è la quota di interesse che diventerà capitale nella rata successiva R_k

$$\mathbf{R_k = c_k + I_k}$$

Dove $c_k = c_1 * (1+i)^{k-1} = c_1 * (1+i) * (1+i)^{k-2}$

$c_k = c_1 * (1+i)^{k-2} + [\mathbf{c_1 * i * (1+i)^{k-2}}]$

ovvero $c_k = c_{k-1} + [\mathbf{c_1 * i * (1+i)^{k-2}}]$

ed $I_k = c_1 * i * [(1+i)^{k-1} + \ldots + (1+i)^{n-1}]$

$$I_k = \mathbf{c_1 * i * [(1+i)^{k-1}]} + c_1 * i * [(1+i)^k + \ldots + (1+i)^{n-1}]$$

in cui $[\mathbf{c_1 * i * (1+i)^{k-1}}]$

è la quota di interesse che diventerà capitale nella rata successiva R_{k+1}

$R_{k+1}=c_{k+1}+I_{k+1}$

dove $c_{k+1=}c_1*(1+i)^k = c_1*(1+i)*(1+i)^{k-1}$

$c_{k+1=}c_1*(1+i)^{k-1} + [c_1*i*(1+i)^{k-1}]$

ovvero $c_{k+1}=c_k + [c_1*i*(1+i)^{k-1}]$

ed $I_{k+1}=c1*i*[(1+i)^k + (1+i)^{k+1}+\ldots+(1+i)^{n-1}]$

ovvero

$I_{k+1}=[c_1*i*(1+i)^k] + c1*i*[(1+i)^{k+1}+\ldots+(1+i)^{n-1}]$

in cui $[c_1*i*(1+i)^k]$

è la quota di interesse che diventerà capitale nella rata successiva R_{k+1}

e proseguendo …

$R_{n-1}=c_{n-1}+I_{n-1}$

dove $c_{n-1}=c_{n-2}+ c_1*i*(1+i)^{n-3}$

ed $I_{n-1}=c_1*i*[(1+i)^{n-2}+(1+i)^{n-1}]$

ovvero $I_{n-1}=[c_1*i*(1+i)^{n-2}] + c_1*i*[(1+i)^{n-1}]$

in cui $[c_1*i*(1+i)^{n-2}]$

è la quota di interesse che diventerà capitale nella successiva ed ultima rata R_n

$$R_n = c_n + I_n$$

dove $c_n = c_1 * (1+i)^{n-1} = c_1 * (1+i) * (1+i)^{n-2}$

$$c_n = c_1 * (1+i)^{n-2} + [c_1 * i * (1+i)^{n-2}]$$

ovvero $c_n = c_{n-1} + [c_1 * i * (1+i)^{n-2}]$

ed $I_n = c_1 * i * [(1+i)^{n-1}]$

In pratica, **abbiamo dimostrato matematicamente come con questo tipo di piano di ammortamento sono sempre pagati in anticipo interessi composti che vengono poi ulteriormente ripagati come capitale, in chiaro ed evidente contrasto con la sentenza n. 2593 emessa dalla Corte di Cassazione nel 2003[58]:**

CORTE DI CASSAZIONE, 20 FEBBRAIO 2003, N. 2593 – NICASTRO PRESIDENTE – LO PIANO ESTENSORE – LICATA C. CREDITO ITALIANO S.P.A.

QUALORA IN UN CONTRATTO DI MUTUO SIA PREVISTO UN PIANO DI RESTITUZIONE DIFFERITO NEL TEMPO, MEDIANTE PAGAMENTO DI RATE COSTANTI COMPRENSIVE DI PARTE DEL CAPITALE E DEGLI INTERESSI, QUESTI ULTIMI CONSERVANO LA LORO NATURA E NON SI TRASFORMANO IN CAPITALE DA RESTITUIRE AL MUTUANTE, COSICCHÉ LA CONVENZIONE, CONTESTUALE ALLA STIPULAZIONE DEL MUTUO, LA QUALE STABILISCA CHE SULLE RATE SCADUTE DECORRONO GLI INTERESSI SULLA INTERA SOMMA, INTEGRA UN FENOMENO

---

[58] http://www.dircomm.it/2003/n.3.03/03.html

ANATOCISTICO, VIETATO DALL'ART. 1283 COD. CIV., NÉ È POSSIBILE INVOCARE L'ESISTENZA DI USI CONTRARI SUCCESSIVI AL CODICE CIVILE, POICHÉ EVENTUALI DIFFORMI PATTUIZIONI NON CONSENTONO LA FORMAZIONE DI USI CONTRARI AVENTI FORZA DI LEGGE IN EPOCA SUCCESSIVA ALLA DATA DI ENTRATA IN VIGORE DELLA NORMA.

La cosa interessante è notare che la trasformazione illegale delle componenti di interesse, pagate in anticipo e poi ripagate come quote di capitale nelle rate successive, è presente in tutti i mutui, sia in quelli a tasso fisso che in quelli a tasso variabile perché, come dimostreremo nel prossimo capitolo, tutti i mutui partono da una situazione iniziale di generazione del piano di ammortamento che prevede rata fissa e tasso iniziale fisso, per cui in tutti i mutui valgono le stesse regole che abbiamo precedentemente osservato essere contrarie alla legge.

In particolare, in questo tipo di piano di ammortamento con tasso fisso, il totale degli interessi che, in regime finanziario composto, che vengono trasformati e ripagati ulteriormente come capitale, è il seguente:

$$Ic=[c_1*i]+[c_1*i(1+i)]+[c_1*i*(1+i)^2]+[c_1*i*(1+i)^3]+$$
$$[c_1*i*(1+i)^4]+..+[c_1*i*(1+i)^{k-2}]+[c_1*i*(1+i)^{k-1}]+$$
$$[c_1*i*(1+i)^k]+..+[c_1*i*(1+i)^{n-2}]$$

Gli interessi complessivi sono così determinati

$$I_C = c1 * i * \sum_{H=1}^{n-1} (1+i)^{H-1} \quad \text{oppure}$$

$$I_C = C * i - c1 * i * (1+i)^{n-1}$$

dove C è il capitale inizialmente preso in prestito, *c1* è la prima quota capitale, *i* è l'interesse periodale ed *n* è il numero totale di rate nel piano di ammortamento.

Capitolo 7: Ammortamento a tasso variabile

7.1 Costruzione del piano di ammortamento a tasso variabile

Il metodo di ammortamento a rata fissa, utilizzato per la quasi totalità dei rimborsi rateali, prevede che l'importo della rata rimanga costante nel tempo.

Questo criterio è di facile applicazione se il mutuo viene regolato a tasso fisso. Ma cosa succede al processo di costruzione del piano di ammortamento se il tasso è variabile e periodicamente cambia?

Il metodo analiticamente corretto sarebbe quello di abbandonare il vecchio piano di ammortamento e ricostruirne uno nuovo per il periodo rimanente. Alcune banche utilizzano questo criterio matematicamente più lineare, ma non tutte. Altre si attengono al rientro del capitale stabilito nel piano di ammortamento originario.

Vediamo nei prossimi paragrafi dunque cosa succede nei due casi, con qualche esempio che favorisca la comprensione.

Le informazioni che vanno tenute in considerazioni nella variazione del tasso periodale sono le seguenti:

1. la quotazione assunta dall'indice di riferimento (solitamente l'Euribor) al momento previsto per la rilevazione del nuovo tasso;

2. l'entità dello spread (scritto chiaramente nel contratto di mutuo);

3. il debito residuo al momento della variazione (si rileva facilmente sul più recente piano di ammortamento ricevuto dalla banca);

4. la durata residua del finanziamento in termini di rate

7.2 Tasso variabile con sostituzione del piano di ammortamento

In termini teorici corrisponde ad estinguere il vecchio debito nel momento in cui subentra la variazione e a ricostituirne subito un altro ad un tasso diverso. La cosa interessante da considerare è che a parità di tasso, la rata resta costante.

Un mutuo a tasso variabile potrebbe essere regolato con un tasso pari a "Media Euribor 3 mesi del mese precedente" + spread dell'1,50%.

Poniamo che il valore aggiornato di tale media quoti il 2,50%. Il nuovo tasso sarà 2,50% (valore dell'indice) + 1,50% (spread) = 4,00%.

Una volta ricavato il tasso di interesse aggiornato sommando il valore del parametro variabile allo spread possiamo passare alla generazione dei piani di ammortamento a tasso variabile.

Tutte le formule per la determinazione dei parametri del mutuo sono identici a quelli visti in precedenza a rata fissa e tasso fisso fino all'eventuale cambio di interesse.

Prendiamo ad esempio un mutuo decennale di 100.000 Euro al 4% variabile con rimborso semestrale. Viene utilizzata la solita formula per il calcolo della rata :

$$R = \frac{C * i}{1 - (1 + i)^{-n}}$$

Numero di periodi[59] annui p=2

numero di rate n=10*p=20

i interesse periodale $=4\%/p=0,04/2=0,02$

$R=6.115,67$, $c1=R/(1+i)^n=4115,67$

immaginiamo che il tasso resti del tutto invariato per i primi 3 anni. A quel punto prevediamo un aumento dello 0,5%.

Il piano di ammortamento è identico a quello che verrebbe costruito per un piano di ammortamento a rata fissa e tasso fisso anche esso anatocistico.

Al variare del tasso viene costruito un nuovo piano di importo a durata pari al numero di rate residue ovvero Nnew=n-3*p=20-6=14, ed i interesse periodale pari a

inew=(4%+0,5%)/p=4,5%/2=0,0225

A questo punto il debito residuo diventa il capitale iniziale del nuovo piano di ammortamento, per cui la nuova rata

---

[59] Se le rate hanno scadenza semestrale il numero di periodi p è 2, se la scadenza è trimestrale il n. di periodi è 4, se la scadenza è mensile il n. di periodi è 12

aggiornata diventa Rnew=6.223,79, mentre la prima quota capitale diventa c1new=Rnew/(1+inew)^{Nnew}= 4.557,94

Nella tabella seguente si potrà cogliere la variazione della sua composizione in interessi e capitale.

Anatocismo nei mutui: Le Formule Segrete

PIANO ORIGINARIO tasso 4%

N°	Rata	Interessi	Quota capitale	Capitale Residuo
1	6.115,67	2.000,00	4.115,67	95.884,33
2	6.115,67	1.917,69	4.197,99	91.686,34
3	6.115,67	1.833,73	4.281,94	87.404,40
4	6.115,67	1.748,09	4.367,58	83.036,81
5	6.115,67	1.660,74	4.454,94	78.581,88
6	6.115,67	1.571,64	4.544,03	74.037,84
7	6.115,67	1.480,76	4.634,91	69.402,93
8	6.115,67	1.388,06	4.727,61	64.675,32
9	6.115,67	1.293,51	4.822,17	59.853,15
10	6.115,67	1.197,06	4.918,61	54.934,54
11	6.115,67	1.098,69	5.016,98	49.917,56
12	6.115,67	998,35	5.117,32	44.800,24
13	6.115,67	896,00	5.219,67	39.580,57
14	6.115,67	791,61	5.324,06	34.256,51
15	6.115,67	685,13	5.430,54	28.825,97

PIANO MODIFICATO dopo 6 rate tasso 4,5%

N°	Rata	Interessi	Quota capitale	Capitale residuo
				74.037,84
1	6.223,79	1.665,85	4.557,94	69.479,90
2	6.223,79	1.563,30	4.660,49	64.819,41
3	6.223,79	1.458,44	4.765,35	60.054,06
4	6.223,79	1.351,22	4.872,58	55.181,48
5	6.223,79	1.241,58	4.982,21	50.199,27
6	6.223,79	1.129,48	5.094,31	45.104,97
7	6.223,79	1.014,86	5.208,93	39.896,04
8	6.223,79	897,66	5.326,13	34.569,90
9	6.223,79	777,82	5.445,97	29.123,94

Anatocismo nei mutui: Le Formule Segrete

16	6.115,67	576,52	5.539,15	23.286,82
17	6.115,67	465,74	5.649,94	17.636,88
18	6.115,67	352,74	5.762,93	11.873,95
19	6.115,67	237,48	5.878,19	5.995,76
20	6.115,67	119,92	5.995,76	0

10	6.223,79	655,29	5.568,50	23.555,43
11	6.223,79	530,00	5.693,79	17.861,64
12	6.223,79	401,89	5.821,90	12.039,73
13	6.223,79	270,89	5.952,90	6.086,84
14	6.223,79	136,95	6.086,84	0,00

Si noti che in assenza di ulteriori variazioni di tasso la rata resterebbe costante fino alla fine del mutuo. Quindi, al variare del tasso e fino a che il tasso non ricambia, viene costruito un nuovo piano di ammortamento di durata pari alle rate residue, con rata fissa e tasso fisso per cui anche questo con interessi anatocistici. Se il tasso cambiasse nuovamente sarebbe necessario solo ripartire dal capitale residuo. Ma se fino ad ora abbiamo utilizzato solo le formule per la rata, per le quote capitali e per gli interessi, quanto vale il capitale residuo dopo aver pagato k rate?

Se vogliamo determinare il capitale restante ancora da restituire prima della rata k-esima, possiamo considerare che $I_k = Cr_{k-1} * i$, dove Cr_{k-1} è il capitale restante prima della rata k-esima da pagare ed i è l'interesse periodale, inoltre, riprendendo la legge segreta dell'anatocismo

$$I_k = c1 * i * \sum_{H=k}^{n} (1+i)^{H-1}$$

Possiamo osservare che $Cr_{k-1} = I_k / i$ e quindi

$$Cr_{k-1} = c1 * \sum_{H=k}^{n} (1+i)^{H-1}$$

è inoltre facile calcolare il capitale restante dopo aver pagato la rata k, sottraendo al capitale residuo la quota capitale della rata k-esima tutto in funzione di c1 e di i

$$Cr_k = Cr_{k-1} - c_k = c1 * \sum_{H=k}^{n} (1+i)^{H-1} - c_k$$

$$Cr_k = c1 * \sum_{H=k}^{n} (1+i)^{H-1} - c1*(1+i)^{k-1} = c1 * \sum_{H=k+1}^{n} (1+i)^{H-1}$$

$$Cr_k = c1 * \sum_{H=k+1}^{n} (1+i)^{H-1}$$

7.3 Mantenimento quote capitali e ricalcolo della rata e degli interessi

La scelta di mantenere il piano di ammortamento originario per tutta la durata del mutuo è certamente più semplice.

La banca non sarà così costretta a ricalcolare il piano aggiornato ad ogni variazione di tasso, mentre il cliente conoscerà dall'inizio il costo dell'estinzione anticipata ad ogni scadenza. In pratica, in questa modalità di generazione del piano di ammortamento, le quote capitali restano come inizialmente calcolate, il tasso di interesse periodale cambiato contribuisce a trovare gli interessi per ogni rata.

Nnew=n-3*p=20-6=14,

inew è l'interesse periodale pari a

inew=(4%+0,5%)/p=0,0225

$$Cr_{k-1} = c1 * \sum_{H=k}^{n} (1+i)^{H-1}$$

$I1_{new}$ = Capitale_Residuo_precedente*inew

$= Cr_{k-1}$*inew = 74.037,84*0,025 = 1665,85

R1new = $c1_{new}$ + $I1_{new}$ = c7 + $I1_{new}$

R1new = 4.634,91 + 1.665,85 = 6.223,79

nel piano originario con il tasso originario, mentre vengono ricalcolati i nuovi interessi e la nuova rata

Le controindicazioni verranno invece da una correzione più marcata della rata al momento della variazione e dalla perdita del criterio di costanza, caratteristico dell'ammortamento francese.

Infatti anche a parità di tasso la nuova rata tenderà a crescere o a diminuire con conseguente disorientamento dell'utilizzatore che la vedrà cambiare anche durante periodi di stabilità dei tassi.

Esaminiamo cosa avviene in termini matematici. Riprendiamo l'esempio del caso soprastante mantenendo questa volta il piano di rientro capitale originario.

Anatocismo nei mutui: Le Formule Segrete

Ecco cosa succede:

PIANO ORIGINARIO tasso 4%					PIANO MODIFICATO dopo 6 rate tasso 4,5%				
N°	Rata	Interessi	Quota capitale	Capitale residuo	N°	Rata	Interessi	Quota capitale	Capitale residuo
1	6.115,67	2.000,00	4.115,67	95.884,33					
2	6.115,67	1.917,69	4.197,99	91.686,34					
3	6.115,67	1.833,73	4.281,94	87.404,40					
4	6.115,67	1.748,09	4.367,58	83.036,81					
5	6.115,67	1.660,74	4.454,94	78.581,88					
6	6.115,67	1.571,64	4.544,03	74.037,84					74.037,84
7	6.115,67	1.480,76	4.634,91	69.402,93	1	6300,76	1.665,85	4.634,91	69.479,90
8	6.115,67	1.388,06	4.727,61	64.675,32	2	6290,91	1.563,30	4.727,61	64.819,41
9	6.115,67	1.293,51	4.822,17	59.853,15	3	6280,61	1.458,44	4.822,17	60.054,06
10	6.115,67	1.197,06	4.918,61	54.934,54	4	6269,83	1.351,22	4.918,61	55.181,48
11	6.115,67	1.098,69	5.016,98	49.917,56	5	6258,56	1.241,58	5.016,98	50.199,27
12	6.115,67	998,35	5.117,32	44.800,24	6	6246,8	1.129,48	5.117,32	45.104,97
13	6.115,67	896	5.219,67	39.580,57	7	6234,53	1.014,86	5.219,67	39.896,04

Anatocismo nei mutui: Le Formule Segrete

14	6.115,67	791,61	5.324,06	34.256,51	8	6221,72	897,66	5.324,06	34.569,90
15	6.115,67	685,13	5.430,54	28.825,97	9	6208,36	777,82	5.430,54	29.123,94
16	6.115,67	576,52	5.539,15	23.286,82	10	6194,44	655,29	5.539,15	23.555,43
17	6.115,67	465,74	5.649,94	17.636,88	11	6179,94	530	5.649,94	17.861,64
18	6.115,67	352,74	5.762,93	11.873,95	12	6164,82	401,89	5.762,93	12.039,73
19	6.115,67	237,48	5.878,19	5.995,76	13	6149,08	270,89	5.878,19	6.086,84
20	6.115,67	119,92	5.995,76	0	14	6132,71	136,95	5.995,76	0

Le quote capitali del piano di ammortamento restano uguali al piano originario e vengono ricalcolati gli interessi e le rate. In pratica, l'interesse di questo tipo di piano di ammortamento si calcolano moltiplicando l'ultimo debito residuo per il tasso aggiornato, ottenendo la quota interessi. Sommando poi l'interesse alla quota capitale conosciuta si ricava la rata.

Osservando la rata si noterà che è inizialmente aumentata rispetto alla situazione in cui si rinnova tutto il piano (6.300,76-6.115,67=185,09 Euro contro 6.223,79-6.115,67=108,12).

Sebbene per una questione di semplicità, chiarezza e stabilità sia preferibile l'atteggiamento che prevede il rinnovo del piano ad ogni variazione, la scelta non è condizionabile perché dipende dalle abitudini dell'istituto di credito. Peraltro in questo caso l'argomento non appare determinante a preferire un mutuo rispetto ad un altro, anche perché in questo caso specifico il montante finale (la somma totale delle rate) in un caso e nell'altro è lo stesso ed è pari a 123.827,09.

Ciò che conta è piuttosto capire come funziona il proprio piano di ammortamento per comprendere fenomeni che suonerebbero altrimenti anomali, se non perfino sospetti.

7.4   Mutuo variabile con *capped rate*

L'espressione **mutuo variabile con "capped rate"** o **"cap"**, indica un finanziamento a tasso variabile con un limite massimo di tasso prestabilito alla stipula del mutuo. Quest'ultimo aspetto è molto importante in quanto se pure dovesse verificarsi che i tassi di mercato superassero il tasso d'interesse applicato al mutuo (Tan), esso non potrebbe comunque mai salire indefinitamente. Nonostante, dunque, gli andamenti finanziari, l'importo della rata del mutuo non può oltrepassare un certo valore, grazie al tetto massimo imposto al Tasso Annuo Nominale.

7.4.1   A chi è consigliato il mutuo variabile con Cap

Coloro che scelgono un prodotto a tasso variabile con Cap lo fanno proprio per godere della certezza che esiste un **tasso massimo applicabile** a cui corrisponde una **rata massima ammissibile.** Si tratta di una formula scelta spesso da chi vorrebbe usufruire delle possibilità di ribasso dei tassi di interesse e allo stesso tempo non vuole rischiare con le varie oscillazioni dei tassi verso l'alto, che infatti potrebbero portare poi a rate difficili da poter sostenere.

Nei prodotti con Cap la sola parte della rata che subirà un ricalcolo è la quota interessi e non la quota capitale.

Quando si parla di **mutuo con Cap**, l'elemento più importante è sicuramente quello della **rata massima** che però non sempre viene affrontato in maniera chiara dagli istituti di credito e dalle società finanziarie. Solitamente, infatti, gli impiegati o i portali on-line forniscono al richiedente un importo sbagliato perché in **difetto.**

Il tema della rata massima da una parte tranquillizza il cliente sulla solvibilità delle rate, ma dall'altra è necessario fare attenzione alla diffusa disinformazione sul mutuo con Cap.

7.4.2 I vantaggi e gli svantaggi di questa particolare forma di mutuo variabile

Tra i **vantaggi** nello stipulare un mutuo con Cap c'è sicuramente l'opportunità di poter usufruire di un finanziamento ad un tasso più basso rispetto a quelli a tasso fisso. Tale mutuo sembra, dunque, trasmettere una certa tranquillità al cliente. Il **principale svataggio** sta nel fatto che sia normalmente collocato ad un **tasso più elevato** rispetto agli altri mutui a tasso variabile. Quando ci rivolgiamo ad un istituto bancario la garanzia accessoria ha sicuramente un costo che si tramuta nell'aumento dello spread.

7.4.3 Come calcolare la rata massima del mutuo variabile con Cap

Immaginiamo un mutuo variabile con Cap pari al 6,5% e confrontiamo cosa succede se alla stipula del mutuo il tasso iniziale (euribor + spread) è al 3,5% oppure al 5%. Come si calcola l'importo della rata massima?

Anche qui viene utilizzata la solita formula per il calcolo della rata fissa perché anche qui partiamo dalle stesse formule per il piano di ammortamento a rata fissa a tasso fisso[60]

Capitale prestato: 100.000

---

[60] Quindi come abbiamo dimostrato in precedenza, anche qui c'è anatocismo ed interessi calcolati nel regime finanziario di interesse composto

Interesse massimo annuo (Cap): 6,5%

Durata anni : 20; periodo rata: mensile;

Totale rate: 20*12=240

$R=100.000*(0,065/12)/[1-(1+0,065/12)^{240}]=745,57$

Come l'attento lettore avrà capito anche questo tipo di mutuo ha delle componenti di anatocismo che si presentano sin dall'inizio della generazione del piano di ammortamento iniziale.

Il risultato è **745,57 euro** ma in realtà è necessario considerare il tasso di interesse iniziale alla stipula del contratto di mutuo per determinare l'importo della rata massima che è sicuramente maggiore. Bisogna effettuare in pratica un ulteriore ragionamento tenendo in considerazione il tasso di interesse fissato inizialmente e sommare ad esso il tasso di cap.

Diversamente da altri prodotti a tasso variabile, nei prodotti Cap, l'aumento del tasso non scalfisce minimamente l'importo delle quote capitale che rimangono le stesse stipulate e descritte nel piano di ammortamento allegato all'atto di mutuo. Il tutto significa che per calcolarci esattamente la rata massima dobbiamo fare un calcolo matematico diverso, dobbiamo prendere la quota capitale stipulata e sommare ad essa la quota interessi calcolata al tasso Cap contrattuale. Ogni prodotto con mutuo Cap si avvale di **piani di ammortamento** a quote capitale prefissate alla stipula. Che vuol dire?

Significa che ad ogni variazione futura del tasso, **la parte della rata che subirà il ricalcolo è la quota interessi e non la quota capitale**. Mentre normalmente per altri prodotti a tasso variabile l'incremento del tasso riguarderà l'importo delle quote capitale. Con il mutuo variabile con Cap le quote capitale restano, invece, quelle presentate nel piano di ammortamento presente durante la stipula del contratto.

Se vogliamo calcolare la rata massima in maniera più precisa, il calcolo sarà dunque diverso rispetto a quello effettuato in precedenza.

Il primo passo sarà quello di prendere in considerazione la quota capitale stipulata a cui poi bisognerà aggiungere la quota interessi calcolata al tasso massimo applicabile ovvero al Cap contrattuale. Ecco perché è fondamentale considerare il tasso di ingresso del mutuo nel calcolo della rata massima. Consideriamo ad esempio il piano di ammortamento[61] stipulato con dei tassi d'ingresso differenti, uno del 3,5% e l'altro del 5% che si presenteranno in questo modo.

---

[61] Anche per questo tipo di mutuo valgono le formule per i PDA a rata fissa e tasso fisso ovvero anche questa tipologia ingloba inizialmente degli interessi anatocistici

Piano di ammortamento stipulato al tasso di ingresso del 3,5%				
N. rata	capitale	quota interesse	quota capitale	debito residuo
1	100.000,00	291,67	288,29	99.711,71
2	99.711,71	290,83	289,13	99.422,57
3	99.422,57	289,98	289,98	99.132,60
4	99.132,60	289,14	290,82	98.841,77
5	98.841,77	288,29	291,67	98.550,10
6	98.550,10	287,44	292,52	98.257,58
7	98.257,58	286,58	293,38	97.964,20
8	97.964,20	285,73	294,23	97.669,97
9	97.669,97	284,87	295,09	97.374,88
10	97.374,88	284,01	295,95	97.078,94
11	97.078,94	283,15	296,81	96.782,12
12	96.782,12	282,28	297,68	96.484,44

Piano di ammortamento stipulato al tasso di ingresso del 5%				
N. rata	capitale	quota interesse	quota capitale	debito residuo
1	100.000,00	416,67	243,29	99.756,71
2	99.756,71	415,65	244,30	99.512,41
3	99.512,41	414,64	245,32	99.267,09
4	99.267,09	413,61	246,34	99.020,74
5	99.020,74	412,59	247,37	98.773,38
6	98.773,38	411,56	248,40	98.524,98
7	98.524,98	410,52	249,44	98.275,54
8	98.275,54	409,48	250,47	98.025,07
9	98.025,07	408,44	251,52	97.773,55
10	97.773,55	407,39	252,57	97.520,98
11	97.520,98	406,34	253,62	97.267,36
12	97.267,36	405,28	254,68	97.012,69

Come già annunciato in precedenza l'importo della quota capitale della relativa rata resta invariato. Per calcolare l'importo di ogni rata dobbiamo calcolare la quota interessi applicando il nuovo tasso raggiunto e poi sommare la quota capitale precedentemente stipulata.

Se ipotizziamo, ad esempio, di voler conoscere l'importo della rata massima ammissibile dopo un anno di ammortamento sulla **rata 12**, ipotizzando che il tasso salga improvvisamente dal tasso iniziale del 3,5% al tasso massimo del 6,5%, allora dobbiamo calcolare la quota interessi, prendendo in considerazione il debito residuo presente sulla rata precedente (rata 11) a cui bisognerà poi applicare il tasso del nuovo interesse(6,5%).

Bisogna fare un calcolo di percentuale, applicando al debito residuo di 96.782,12 euro la percentuale dello 0,54% ottenuta dal tasso applicato del 6,5% diviso 12 (numero di rate che scadono in un anno[62]). $(6,5/100)/12=0,0054$

La quota capitale della 12ª rata era di 297,68 euro.

0,54% di 96.782,12 → 0,0054*96.782,12 = 522,62

è la quota interessi per la 12ª rata. Mentre 522,62 è la quota capitale che resta costante in questo tipo di mutuo.

Quindi, la rata massima della 12ª rata diventa in questo caso 297,68+522,62=820,3 euro e non 745 come visto in precedenza.

---

[62] La rata è mensile per cui l'interesse annuo va diviso per il numero di scadenze annue, in questo caso 12.

Ipotizzando invece che il tasso salga improvvisamente dal tasso iniziale del 5% al tasso massimo del 6,5%, allora dobbiamo calcolare la quota interessi, prendendo in considerazione il debito residuo presente sulla rata precedente (rata 11) a cui bisognerà poi applicare il tasso del nuovo interesse(6,5%).

Bisogna fare un calcolo di percentuale, applicando al debito residuo di 97.267,36 euro la percentuale dello 0,54% ottenuta dal tasso applicato del 6,5% diviso 12 (numero di rate che scadono in un anno[63]). $(6,5/100)/12=0,0054$

La quota capitale della 12ª rata era di 254,68 euro.

0,54% di 97.267,36 →0,0054*97.267,36 =525,24

è la quota interessi per la 12ª rata. Mentre 525,24 è la quota capitale che resta costante in questo tipo di mutuo.

Quindi, la rata massima della 12ª rata diventa in questo caso 254,68+525,24=779,92 euro e non 745 come visto in precedenza.

Come è semplice intuire, più sono vicini il tasso di stipula iniziale ed il tasso del CAP più sarebbe conveniente questo tipo di mutuo, se non fosse che presenta anch'esso degli interessi anatocistici.

Uno degli aspetti principali da tenere d'occhio non è dunque il **tasso di interesse massimo del Cap**, ma **quello di ingresso del mutuo** che viene fissato nel momento in cui stipuliamo il contratto. Da questo nascerà il piano di ammortamento e le quote capitale da dover

---

[63] La rata è mensile per cui l'interesse annuo va diviso per il numero di scadenze annue, in questo caso 12.

corrispondere. Questo esempio vuole chiarire ai tanti clienti che le calcolatrici on-line così come spesso i funzionari di banca non forniscono un risultato corretto in quanto gli importi delle rate, qualora aumentasse il tasso, vengono sottostimati perché non si prendono in considerazione tutti i parametri.

Nei mutui a tasso variabile con Cap dobbiamo sempre prendere in esame quattro aspetti:

1. Il Cap o tetto massimo deve essere applicato al TAN, non allo spread;

2. Il Cap deve avere valore ragionevole o di mercato tale da garantire una effettiva tutela al mutuatario. Un Cap troppo alto, non raggiungibile dal TAN, costa ed è inutile;

3. Nel contratto, unitamente al Cap, non deve essere presente un *floor*, ovvero una soglia minima ai tassi imposta dalla banca. Man mano che i tassi scendono, la rata deve continuare a diminuire di conseguenza;

4. Lo spread applicato deve essere poco superiore al caso variabile puro, nell'intorno di 0,30% - 0,50%. Spread più elevati rendono la protezione non conveniente.

Seppure i tassi di riferimento scendessero, il **mutuatario** godrebbe di una riduzione dell'importo mensile della rata, ma sarebbero ugualmente presenti interessi anatocistici. I mutui a tasso variabile con Cap presentano uno **spread maggiore** rispetto ai mutui a tasso variabile puri, dal momento che includono il costo dell'assicurazione che la **banca** utilizza per proteggersi dalle fluttuazioni dei tassi. Tutto è di fatto ribaltato sullo spread più alto applicato al mutuo. Il mutuo tasso variabile con CAP può essere idoneo per i clienti che desiderano non rischiare e che intendono poter sfruttare condizioni favorevoli di mercato che possono tradursi in **rate più leggere**, senza danneggiare il bilancio della propria famiglia, con un'assicurazione sull'impegno mensile massimo del mutuo. In base ad una selezione, ognuno potrà valutare la sostenibilità della rata sul proprio reddito mensile, alle condizioni massime definite dal Cap.

Per accedere ad un mutuo a tasso variabile con Cap vantaggioso dobbiamo prendere in considerazione uno spread tra lo 0,3% e 0,50%; un contratto esente da una soglia minima applicata ai tassi e un Cap basso, almeno sotto il 6%. Consideri sempre il lettore che il piano di ammortamento iniziale parte sempre dalle formule del piano di ammortamento a rata fissa e tasso fisso ovvero anatocistico.

7.5   Rata costante a tasso variabile. Pericolo!

Questa tipologia di mutuo consente di scegliere una tasso variabile senza influenzare l'importo della rata che rimarrà sempre fisso per tutto il tempo del contratto, quello che può subire variazioni sarà eventualmente la durata del contratto.

A seconda delle condizioni di mercato la durata del finanziamento varia, se la situazione è favorevole il periodo delle rate diminuirà se invece sarà negativa aumenterà. In questo periodo i tassi sono bassi, bassissimi e destinati a salire. La rata resta bloccata anche se il tasso è variabile ma ogni volta che viene calcolata la rata verranno utilizzate le fomule del calcolo standard della rata a tasso fisso e rata fissa quindi anche questo mutuo contiene al suo interno delle componenti di interesse anatocistiche.

7.5.1 Una forma di mutuo molto rischiosa

La formula più frequente funziona grossomodo in questa maniera.

Si decide per un <u>tasso variabile</u>: mettiamo euribor 1 mese + spread 1,3%, ipotizziamo 1,75%. Dato il piano di ammortamento, la rata di oggi sarà quella che pagherò sempre. Cosa succede quando i tassi scendono o salgono? Si allunga o si accorcia il mutuo.

In molti casi, in realtà, l'allungamento ha un limite massimo per esempio 96 mesi in più, dopo di che se resta altro debito lo si deve estinguere pagando in contanti o ripartendo con un altro mutuo.

Utilizziamo, come al solito, le formule per il calcolo standard utilizzati per la generazione del piano di ammortamento anatocistico a rata fissa e tasso fisso.[64]

Possiamo fissare la rata oppure determinarla sulla base delle informazioni presenti sul piano di ammortamento. Quindi, alfine di fissare l'importo della rata possiamo partire utilizzando la solita formula

$$R = \frac{C * i}{1 - (1+i)^{-n}}$$

oppure possiamo fissare l'importo a piacimento[65].

---

[64] Anche questo tipo di piano di ammortamento presenta interessi anatocistici

Una volta calcolata o fissata la rata dobbiamo determinare il numero di rate di partenza (n) che possono essere fissate dal piano di ammortamento iniziale e che vengono di volta in volta aggiornate nel caso di aggiornamento del tasso. Il numero delle rate, se non fissate dal piano di ammortamento può essere ugualmente determinato a partire dal capitale e dalla rata. Possiamo osservare come partendo dalla formula della rata è possibile determinare il numero (n) di rate tale per cui sia possibile estinguere il mutuo.

$$R = \frac{C*i}{1-(1+i)^{-n}} \quad \rightarrow \quad 1-(1+i)^{-n} = \frac{C*i}{R} \quad \rightarrow$$

$$1-\frac{C*i}{R} = (1+i)^{-n} \rightarrow \frac{R-C*i}{R} = (1+i)^{-n} \rightarrow$$

$$\frac{R}{R-C*i} = (1+i)^{n} \rightarrow \ln\frac{R}{R-C*i} = \ln(1+i)^{n} \rightarrow$$

$$\ln\frac{R}{R-C*i} = n*\ln(1+i) \rightarrow n = \frac{\ln\dfrac{R}{R-C*i}}{\ln(1+i)}$$

Il valore n deve essere un valore intero, per cui nel caso ci troviamo un valore con la virgola è necessario impostare il numero di rate totali del PDA al valore positivo superiore, per esempio se n=239,12 allora le rate su cui sarà sviluppato il PDA saranno 240, con 239 rate ad importo fisso e l'ultima con il residuo.

---

[65] Questo tipo di scelta è effettuata dall'Istituto di Credito e sottoscritto da noi in fase di stipula del mutuo

Una volta determinata o calcolata la rata ed eventualmente il numero di rate, possiamo calcolare c_1 ricordando che $R_1 = c_1 + I_1$ da cui

$$c_1 = R_1 - I_1 = \frac{C*i}{1-(1+i)^{-n}} - C*i$$

oppure come abbiamo detto
$$c_1 = \frac{R_1}{(1+i)^n}$$

Una volta calcolata la prima quota capitale, c_1, possiamo determinare tutte le quote capitali del piano di ammortamento iniziale utilizzando la seguente formula: $c_k = c_1*(1+i)^{k-1}$,

conoscendo tutte le quote capitali, possiamo determinare tutte le quote interesse, per tutte le rate con la seguente formula $I_k = R - c_k$

oppure possiamo utilizzare la formula segreta per il calcolo degli interessi

$$I_k = c1 * i * \sum_{H=k}^{n} (1+i)^{H-1}$$

Nel caso si modifichi il tasso di interesse alla k-esima rata, la procedura da eseguire per stabilire il nuovo piano con le nuove rate e quote è il seguente:

1. identificare il nuovo capitale utilizzando la formula segreta per il residuo vista nei capitoli precedenti, in regime di interesse composto, a partire dal vecchio interesse periodale i e dalla prima quota capitale

$$Cr_{k-1} = c1 * \sum_{H=k}^{n} (1+i)^{H-1}$$

2. determinare il nuovo tasso di interesse aggiornato iNew

$$iNew = \frac{(i + i\_update)}{p}$$

con la formula[66]

3. determinare il nuovo numero di rate successive prendendo l'intero superiore del valore determinato da

$$nNew = \frac{\ln \frac{R}{R - Cr_{k-1}*iNew}}{\ln(1+iNew)}$$

4. determinare c1 con la formula vista in precedenza

$$c_{1new} = R - I_{1new}$$

$$c_{1new} = \frac{Cr_{k-1}*iNew}{[1 - (1+iNew)^{-nNew}]} - Cr_{k-1}*iNew$$

oppure

$$c_{1new} = \frac{R_1}{(1+iNew)^{nNew}}$$

[66] Qui i corrisponde al valore dell'interesse periodale precedente ed *i_update* equivale all'aggiornamento dell'interesse; p è invece il parametro del periodo di scadenza della rata: 12 per mensile, 4 per trimestrale, 3 per quadrimestrale, 2 per semestrale

e determinare tutte le nuove quote capitali[67] con $c_{kNew}=c_{1new}*(1+iNew)^{k-1}$ (con k che va da 1 a nNew)

5. determinare tutte le quote interesse $I_{kNew}=R-c_{kNew}$

Il pericolo di questo tipo di mutuo deriva dal fatto che per il tasso di interesse periodale non c'è un limite superiore, come avveniva con i mutui con CAP, per cui il mutuo si presenta oltre che con le solite caratteristiche di interessi anatocistici, già rilevati anche in precedenza, anche con delle pericolose caratteristiche di indeterminatezza sul montante finale. Gli istituti di credito, per evitare l'indeterminatezza pongono un limite temporale successivo alla chiusura del piano di ammortamento iniziale che può variare, ma gli interessi anatocistici restano sempre presenti perché come abbiamo detto, il regime di calcolo della rata e delle sue componenti (quota + interesse) è quello dell'interesse composto e gli interessi sono, come precedentemente dimostrato, calcolati anch'essi nel regime di interesse composto.

7.5.2 Simulazione di un PDA a rata costante e tasso variabile

Prendiamo come esempio un mutuo di 100.000 euro in 20 anni con scadenza mensile della rata. Tasso variabile 1,75%, utilizzando la formula per il calcolo standard della rata abbiamo

---

[67] Qui k è un indice i cui valori variano da 1 a nNew

$$R=100.000*(0,0175/12)/[1-(1+0,0175/12)^{240}]= \quad R=494,13 \text{ euro,}$$

ed il piano di ammortamento è il seguente:

N. rata	capitale	quota interesse	quota capitale	rata	debito residuo
1	100.000,00	145,83	348,30	494,13	99.651,70
2	99.651,70	145,33	348,80	494,13	99.302,90
3	99.302,90	144,82	349,31	494,13	98.953,59
4	98.953,59	144,31	349,82	494,13	98.603,77
5	98.603,77	143,80	350,33	494,13	98.253,44
6	98.253,44	143,29	350,84	494,13	97.902,59
7	97.902,59	142,77	351,35	494,13	97.551,24
8	97.551,24	142,26	351,87	494,13	97.199,37
9	97.199,37	141,75	352,38	494,13	96.846,99
10	96.846,99	141,24	352,89	494,13	96.494,10
11	96.494,10	140,72	353,41	494,13	96.140,69
12	96.140,69	140,21	353,92	494,13	95.786,77
13	95.786,77	139,69	354,44	494,13	95.432,33
14	95.432,33	139,17	354,96	494,13	95.077,37
15	95.077,37	138,65	355,47	494,13	94.721,90
16	94.721,90	138,14	355,99	494,13	94.365,90
17	94.365,90	137,62	356,51	494,13	94.009,39
18	94.009,39	137,10	357,03	494,13	93.652,36
19	93.652,36	136,58	357,55	494,13	93.294,81
20	93.294,81	136,05	358,07	494,13	92.936,73
21	92.936,73	135,53	358,60	494,13	92.578,14
22	92.578,14	135,01	359,12	494,13	92.219,02
23	92.219,02	134,49	359,64	494,13	91.859,38
24	91.859,38	133,96	360,17	494,13	91.499,21
25	91.499,21	133,44	360,69	494,13	91.138,52
26	91.138,52	132,91	361,22	494,13	90.777,30
27	90.777,30	132,38	361,75	494,13	90.415,55
28	90.415,55	131,86	362,27	494,13	90.053,28

29	90.053,28	131,33	362,80	494,13	89.690,48
30	89.690,48	130,80	363,33	494,13	89.327,15
	...	...	...	...	...
238	1478,07	2,16	491,97	986,10	238,00
239	986,10	1,44	492,69	493,41	239,00
240	493,41	0,72	493,41	0,00	240,00

Cosa succede, dunque, se i tassi cambiano?

Se, per ipotesi, all'inizio del terzo anno, ovvero alla 25 rata, il tasso aumenta di un 1% e passa cioè a 2,75%?

Utilizziamo la procedura elencata nel paragrafo 7.5.1:

1) Ricordando la formula per determinare il debito residuo, nel PDA a rata fissa e tasso fisso, al termine del pagamento della rata 24ª (ovvero k=25)

$$Cr_{k-1} = c1 * \sum_{H=k}^{n} (1+i)^{H-1}$$

ed otteniamo cr_{k-1}=91.499,21

2) Essendo la rata a scadenza mensile otteniamo il nuovo tasso di interesse periodale aggiornato iNew con la formula

iNew=(i+i_update)/p=(1,75%+1%)/12 ovvero

iNew= (0,0175+0,01)/12= 0,0022916

3) determiniamo ora il nuovo numero di rate nel piano di ammortamento successivo utilizzando la seguente formula

$nNew = \{\ln[R/(R-Cr_{k-1}* iNew)]\}/\ln[(1+iNew)]$

in cui dobbiamo inserire in R il valore esatto, compreso dei decimali, che viene fuori dal calcolo della rata; nel nostro caso R è pari esattamente a 494,1288127

da cui sostituendo otteniamo

$nNew =$

$\ln\{R/[R-(91.499,21*0,0022916)]\}/\ln[(1+0,0022916)]=$

$\ln\{R/[R-209,679589636]\}/\ln[(1,0022916)]=$

$\ln(R/284,449223064)/\ln[(1,0022916)]= 241,2611253$

4) Troviamo la prima quota capitale della rata nel nuovo piano di ammortamento con la formula standard $c_{1new}=R_1/(1+iNew)^{nNew}$ e sostituendo i valori otteniamo

$c_{1new}=494,1288127/(1+0,0022916)^{241,2611253}$

$c_{1new}=284,4492231$

5) Si determinano tutte le quote capitali restanti del piano di ammortamento con la formula

$c_{kNew}=c_{1new}*(1+iNew)^{k-1}$ con k che va da 2 a 241, essendo nNew >241, per determinare l'ultima rata residua andiamo a calcolare la quota capitale rimanente, ponendo il capitale residuo meno le quote capitali ricavate

$c_{ultima}=Cr_{k-1}-c_1*[1+(1+iNew)+(1+iNew)^2+..+(1+iNew)^{241}]$

$c_{ultima}= 91.499,21-91.370,36=128,85$

da c_{ultima} si ricava I_{ultima} come

$$I_{ultima} = c_{ultima} * iNew = 128,85*0,0022916 = 0,30$$

da cui otteniamo Rultima= c_{ultima} + I_{ultima} = 129,15.

Il piano di ammortamento successivo diventa:

N. rata	capitale	quota interesse	quota capitale	rata	debito residuo
1	91.499,21	209,69	284,45	494,13	91.214,76
2	91.214,76	209,03	285,10	494,13	90.929,66
3	90.929,66	208,38	285,75	494,13	90.643,91
4	90.643,91	207,73	286,41	494,13	90.357,50
5	90.357,50	207,07	287,06	494,13	90.070,44
6	90.070,44	206,41	287,72	494,13	89.782,72
7	89.782,72	205,75	288,38	494,13	89.494,34
8	89.494,34	205,09	289,04	494,13	89.205,30
9	89.205,30	204,43	289,70	494,13	88.915,60
10	88.915,60	203,76	290,37	494,13	88.625,23
11	88.625,23	203,10	291,03	494,13	88.334,19
12	88.334,19	202,43	291,70	494,13	88.042,50
13	88042,50	201,76	292,37	494,13	87.750,13
14	87750,13	201,09	293,04	494,13	87.457,09
15	87457,09	200,42	293,71	494,13	87.163,38
16	87163,38	199,75	294,38	494,13	86.869,00
17	86869,00	199,07	295,06	494,13	86.573,94
18	86573,94	198,40	295,73	494,13	86.278,20
19	86278,20	197,72	296,41	494,13	85.981,79

20	85981,79	197,04	297,09	494,13	85.684,70
21	85684,70	196,36	297,77	494,13	85.386,93
22	85386,93	195,68	298,45	494,13	85.088,48
23	85088,48	194,99	299,14	494,13	84.789,34
24	84789,34	194,31	299,82	494,13	84.489,51
…	---	---	---	---	---
240,00	1113,13	2,55	491,58	494,13	621,55
241,00	621,55	1,42	492,71	494,13	128,85
242,00	128,85	0,30	128,85	129,15	0

Come si è potuto osservare, dopo aver pagato 24 rate, con il semplice aumento dell'1% di tasso, avviene un incremento del numero di rate per altri due anni.

Nel caso di ulteriore cambio di interesse ad una rata k_{new}, essendoci trovati precedentemente in una situazione con rate residue, dobbiamo cambiare esclusivamente la modalità di calcolo del capitale residuo; il capitale residuo viene identificato sempre come somma delle quote capitali precedentemente calcolate in funzione della prima quota capitale[68]:

$$C_{residuo} = c1*[1+(1+iNew)+(1+iNew)^2+.+(1+iNew)^{Knew}]$$

Possiamo poi ripetere tutta la procedura, come mostrato in precedenza, riprendendo dal punto 2.

---

[68] Notare che questa modalità di calcolo del capitale residuo è sempre valida in tutte le tipologie di PDA

7.5.3 Il mutuo variabile a rata costante conviene?

Il mutuo variabile a rata costante potrebbe apparire come una soluzione vantaggiosa, capace di offrire al cliente la tranquillità di una rata predeterminata ed esente da brutte sorprese oltre che comunque parametrizzata Euribor o BCE.

Non è possibile determinare a priori **la reale durata del mutuo** poiché può incorrere la possibilità di insorgenza di piani di rimborso molto lunghi come in caso di crescita vertiginosa dell'Euribor; ricadiamo quindi in uno stato di indeterminatezza degli importi totali versati all'istituto di credito che ha erogato il mutuo.

Come abbiamo visto dal precedente esempio, se un **piano d'ammortamento** si trovasse d'improvviso con una lunghezza nettamente superiore a quella prevista inizialmente, l'istituto di credito erogante il mutuo potrebbe proporre al mutuatario **l'estinzione anticipata del finanziamento** attraverso il saldo di un'unica **maxi-rata,** una soluzione che però potrebbe non essere alla portata di tutti poiché gli interessi pagati in finale potrebbero essere molto elevati, con il risultato di una maxirata finale molto costosa.

7.6 Mutui a tasso misto[69]

Il piano di ammortamento a tasso misto prevede una scelta flessibile del tasso d'interesse, a seconda delle condizioni concordate alla firma del mutuo si potrà decidere se

---

[69]http://abcrisparmio.soldionline.it/guide/mutui-prestiti/mutui-a-tasso-misto-l-altra-faccia-della-medaglia

iniziare con un tasso fisso e successivamente cambiarlo con uno varabile o viceversa.

L'importo della rata che si riferirà al periodo a tasso fisso varia in base alla sua durata di utilizzo, che spesso viene scelta dal cliente, in genere tra i 2 e i 5 anni. Questa tipologia di mutuo offre la possibilità al mutuatario di modificare il tasso una o più volte nel corso del contratto, fissando scadenze prestabilite. Si consideri che anche in questo caso all'inizio il calcolo della rata viene eseguito con le formule di ammortamento standard (rata fissa e tasso costante).

La forma più frequente di mutuo a tasso misto, che è quella di cui intendo parlare, funziona più o meno così:

- tasso di partenza fisso (solitamente definito "agevolato") per un periodo, ad esempio, di 3 anni;
- successivamente, ogni 3 anni, il cliente può "decidere nella massima libertà se confermare il tasso fisso o passare al tasso variabile".

Qui sorge il problema. La maggior parte dei clienti è convinta che, trascorsi i primi tre anni, potrà confermare il tasso fisso con cui è partita.

Questo è un gravissimo errore!

Capita di frequente che chi propone il mutuo, purtroppo, non chiarisca al cliente che confermare il tasso fisso significa comunque aggiornarlo, fissandolo per altri 3 anni, alle condizioni di mercato che ci saranno tra 3 anni, e poi tra 6, e poi tra 9…e così via.

Quindi chi si indebita, senza capire il meccanismo, ha la falsa percezione che la sua rata non potrà mai salire perché ha fatto un tasso fisso, mentre invece la verità è ben diversa!

E' importante essere consapevoli dei rischi, soprattutto in questo periodo: molti infatti prevedono un ritorno ad un tasso di inflazione elevato nel giro di pochi anni.

Se malauguratamente tornasse un'inflazione al 10%, quanti si troverebbero la pessima sorpresa di una rata raddoppiata? Quanti sarebbero costretti a vendere l'immobile in fretta e furia per saldare un debito diventato troppo pesante?

È molto più rischioso per la banca prestare denaro ad un tasso che resta fermo per 20 anni, piuttosto che fissarlo per 3 anni perché se tra tre anni i tassi saranno aumentati, la banca avrà la facoltà di aumentarlo.

7.7   Lo *ius variandi*[70] nei mutui

L'articolo 118 TUB riconosce agli intermediari la facoltà di modifica unilaterale delle condizioni del contratto (*ius variandi*), ma fissa condizioni e limiti precisi affinché il suo esercizio sia legittimo.
Le norme vigenti in Italia prevedono che le banche e gli intermediari finanziari debbano inviare alla propria

---

[70]https://www.arbitrobancariofinanziario.it/pubblicazioni/relazioniAnnuali/relazione-2014.pdf

clientela una comunicazione preventiva che illustri il contenuto della modifica unilaterale proposta, le motivazioni che ne sono alla base e la data di entrata in vigore. Nel dettaglio:

a) la facoltà di modifica unilaterale deve essere prevista nel contratto ed espressamente approvata dal cliente;

b) il cliente deve essere informato delle modifiche con un preavviso minimo di due mesi, in forma scritta o attraverso altra modalità precedentemente accettata;

c)le comunicazioni con cui le banche e gli intermediari finanziari rendono note le modifiche devono riportare la formula: "Proposta di modifica unilaterale del contratto";

d) le banche e gli intermediari finanziari devono comunicare al cliente anche il motivo che giustifica le modifiche proposte (giustificato motivo).

La proposta di modifica deve permettere al cliente di valutare in concreto la congruità della stessa, in rapporto alle circostanze che la giustificano. Entro la data prevista per l'entrata in vigore delle modifiche, il cliente ha la possibilità di recedere dal contratto senza spese; in questo caso la liquidazione del rapporto deve essere effettuata applicando le condizioni precedenti. Se il cliente non recede dal contratto le variazioni si intendono approvate e producono effetti dalla data indicata nella proposta di modifica unilaterale del contratto. Il riferimento a "cambiamenti di mercato" non integra gli estremi del giustificato motivo richiesto dalla legge per l'esercizio dello *ius variandi*.

Parte 3: LE BANCHE ED IL SISTEMA BANCARIO

«Meno male che la popolazione non capisce il nostro sistema bancario e monetario, perchè se lo capisse, credo che prima di domani scoppierebbe una rivoluzione. »

(Henry Ford)

Capitolo 8: Come difendere i propri risparmi

8.1   Crisi bancarie

Secondo la nuova direttiva europea, a partire dal 1° gennaio 2016, l'eventuale crisi di una banca verrà risolta con il nuovo meccanismo detto "bail-in": il salvataggio dell'istituto di credito, cioè, non avverrà più con soldi pubblici dello Stato e/o delle banche centrali (come è stato sino a oggi), bensì attraverso la **riduzione del valore delle azioni** e di alcuni crediti, come quelli dei correntisti che abbiano depositato più di 100mila euro, o la loro conversione in azioni, per assorbire le perdite e ricapitalizzare la banca in misura sufficiente a risolvere la crisi e a mantenere la fiducia del mercato.

In ogni caso, va ricordato, azionisti e creditori non potranno subire perdite maggiori di quelle che sopporterebbero in caso di liquidazione della banca secondo le procedure ordinarie.

8.2   Cos'è il Bail-in

Per decenni il conto dei dissesti creditizi veniva ripianato dagli Stati, con il ricorso alla fiscalità o ai Fondi di garanzia, come avvenuto in molti casi anche in Europa dopo il crack di Lehman Brothers: secondo Eurostat, a fine 2013 gli aiuti ai sistemi creditizi nazionali per reggere l'urto della crisi finanziaria globale avevano accresciuto il debito pubblico di quasi 250 miliardi in Germania, quasi 60 in Spagna, 50 in Irlanda e nei Paesi Bassi, poco più di 40 in Grecia, 19 circa in Belgio e Austria e quasi 18 in Portogallo. In Italia il sostegno pubblico è stato di circa 4 miliardi, tutti ormai restituiti. Dal 2016 invece a pagare il conto di errori di gestione ed eventuali illeciti del management saranno chiamati (con svalutazioni progressive) innanzitutto gli azionisti, in subordine gli obbligazionisti e, se non bastassero i loro sacrifici, anche i correntisti (ma, come detto, solo coloro che hanno più di 100mila euro depositati). Il termine 'bail in' si differenzia dal **'bail out'**, perché in questo ultimo caso il salvataggio è esterno, cioè a carico di tutto il sistema delle banche. Le autorità europee hanno così voluto evitare due circostanze: che i singoli stati potessero intervenire direttamente nelle loro banche; e che i banchieri prendessero troppi rischi con i loro investimenti (tanto se si falliva non ci rimetteva l'Istituto).

8.3 Cosa rischiano i risparmiatori in caso di "Bail in"

In pratica, non appena subentra la crisi di una banca, le perdite vengono assorbite seguendo una gerarchia di priorità: a subire immediatamente le conseguenze sono i proprietari della banca ossia gli azionisti. Solo dopo si passa alla categoria successiva. L'ordine di priorità per il bail-in è questo: innanzitutto, come detto, vengono gli azionisti; poi i detentori di altri titoli di capitale; gli altri creditori subordinati (ossia coloro che hanno i titoli di debito subordinato, quelli cioè più rischiosi); i creditori chirografari; persone fisiche e piccole e medie imprese titolari di depositi per importi oltre i 100mila euro; il Fondo di garanzia, che contribuisce al bail-in al posto dei depositanti protetti.

Ad esempio, chi ha un deposito di 200mila euro non deve temere che, all'apparire di una crisi, il suo deposito verrà ridotto o convertito in azioni, se la predetta crisi potrà essere assorbita attingendo dalle risorse degli azionisti.

In sostanza, prima si sacrificano gli azionisti, riducendo o azzerando il valore delle azioni. Poi si interviene su alcune categorie di creditori, i cui titoli possono essere trasformati in azioni, per ricapitalizzare la banca, e/o svalutati se l'azzeramento del valore delle azioni non basta a coprire le perdite.

È, dunque, necessario che gli investitori facciano estrema attenzione ai rischi di alcune tipologie di investimento, in particolare al momento della sottoscrizione.

8.4 Quali sono le forme di investimento escluse dal "Bail in"

Sono completamente esclusi dall'ambito di applicazione e non possono quindi essere né svalutati né convertiti in capitale:

1. i depositi protetti dal sistema di garanzia dei depositi, cioè quelli di importo fino a 100.000 euro;
2. le passività garantite, inclusi i covered bonds e altri strumenti garantiti;
3. le passività derivanti dalla detenzione di beni della clientela o in virtù di una relazione fiduciaria, come ad esempio il contenuto delle cassette di sicurezza o i titoli detenuti in un conto apposito;

4. le passività interbancarie (ad esclusione dei rapporti infragruppo) con durata originaria inferiore a 7 giorni;

5.   le passività derivanti dalla partecipazione ai sistemi di pagamento con una durata residua inferiore a 7 giorni;

6. i debiti verso i dipendenti, i debiti commerciali e quelli fiscali purché privilegiati dalla normativa fallimentare.

8.5   Cosa rischiano i depositanti

I depositi **fino a 100mila euro**, quelli cioè protetti dal Fondo di garanzia, sono esclusi dal bail-in. Questa protezione riguarda, ad esempio, le somme sul conto corrente o in un libretto di deposito e i certificati di deposito coperti dal Fondo di garanzia. Anche per la parte eccedente i 100mila euro, i depositi delle persone fisiche e delle piccole e medie imprese hanno un trattamento preferenziale: sopporterebbero un sacrificio solo nel caso in cui il bail-in di tutti gli strumenti con un grado di protezione minore non fosse sufficiente a coprire le perdite e a ripristinare un livello adeguato di capitale. I depositi al dettaglio oltre i 100mila euro possono essere esclusi dal bail-in per evitare rischi di contagio e preservare la stabilità finanziaria, sempre che il bail-in sia stato applicato ad almeno l'8% del totale delle passività.

8.6   Come tutelarsi dai rischi

Innanzitutto l'investitore / correntista dovrà porre attenzione al rating, la valutazione delle agenzie internazionali, che però in passato non ha evitato scottature.

C'è poi il *consensus* degli analisti, ovvero i "consigli" di eventuale acquisto, mantenimento o vendita di un titolo. Utile può essere anche l'andamento dei Cds, i *credit default swap* che rappresentano il "premio" per assicurarsi contro il default (il loro rapido aumento segnala tensioni).

Il dato, però, più interessante è il coefficiente patrimoniale o anche coefficiente di solidità patrimoniale. Espresso come **Cet 1**, (che sta per **Common equity tier 1**), tale valore viene indicato nelle comunicazioni di bilancio e rappresenta il rapporto tra capitale ordinario versato e attività ponderate per il rischio delle banche. Più alto è il Cet 1, maggiore, sempre che i bilanci siano veritieri, è la solidità dell'istituto, dunque di azioni e bond.

Se il Cet 1 scende sotto la soglia fissata dalla Banca Centrale, l'istituto deve porre in atto operazioni di rafforzamento patrimoniale. Così, qualora sopraggiunga un grave squilibrio, può scattare la risoluzione e il *bail in*.

8.7 Il Cet1 è l'indicatore più importante da considerare

Non tutti i risparmiatori avranno tempo e competenze per leggere i bilanci della propria banca, ma qualche precauzione può essere presa da tutti. Per esempio, un indicatore divenuto importante per rilevare lo 'stato di salute' di un istituto bancario è il *Common equity tier 1* (Cet1), indicatore che rapporta il patrimonio netto della banca (capitale sociale più riserve) ai rischi assunti, ovvero si misura il totale delle attività ponderate per il rischio.

Le norme europee prevedono come 'pavimento minimo' per le banche un Cet1 Ratio dell'8%, che equivale a dire che una banca può effettuare investimenti (finanziamenti, prestiti, mutui,investimenti su titoli ecc) ponderati per il rischio superiori a 12,5 volte il capitale proprio. Più questo indicatore è elevato, maggiore dovrebbe essere la solidità dell'istituto, ovvero la capacità di affrontare eventuali scenari negativi. In generale, un livello sotto il 9% non è considerato sufficiente, e sotto l'8% è assolutamente a rischio.

Vediamo nella tabella[71] seguente lo stato di salute delle principali banche operanti in Italia.

ISTITUTO BANCARIO	CET1 (%)
Banca Popolare di Vicenza	6,80
Veneto Banca	7,12
Banca Popolare di Sondrio	10,14
Unicredit Banca	10,53
Gruppo Banco Desio	10,60
Mediobanca	11,00
Banca Sella	11,13

---

[71] Dati estratti da *Il Fatto Quotidiano*: http://quifinanza.it/soldi/video/bail-in-e-prelievo-forzoso-la-lista-delle-banche-piu-a-rischio-come-difendersi/46143/

Banca Popolare di Milano	11,35
Credito Valtellinese	11,40
Banca Popolare dell'Emilia Romagna	11,50
Deutsche Bank	11,50
Monte Dei Paschi di Siena	11,70
Credem	11,77
Banca Carige	12,20
Gruppo Bancario Banco Popolare	12,30
Che Banca!	12,45
Ubi Banca Popolare Commercio e Industria	12,90
Intesa San Paolo	12,40
Banca Generali	13,40
Banca Ifigest	14,625
Gruppo Banca Ifis	15,34
Unipol	17,60

Banca Mediolanum	18,50
Fineco	20,79

8.8   Good Bank e Bad Bank

Ultimamente, c'è uno strumento usato per "depurare" gli istituti dalle perdite finanziarie, generate da **titoli tossici**. In pratica, la **banca** viene divisa in due tronconi: la parte buona, sana (*good bank*) continuerà a sviluppare le proprie attività di credito; mentre quella cattiva (*bad bank*) si occuperà della gestione di titoli tossici.

Cosa sono i titoli tossici? Sono titoli che sulla carta valgono tanto, ma nella realtà dell'economia valgono nulla o poco più. In pratica 'gonfiano' i bilanci delle banche, ma sono spazzatura perché non hanno una contropartita certa, un valore economico stabile. Quindi la bad bank è un 'veicolo', dove vengono messe le azioni tossiche, che altrimenti sarebbero un peso nella "pancia" degli Istituti. Il compito della bad bank sarà quello di disfarsi di questi titoli, cercando di venderli quando le condizioni del mercato migliorano e quando il loro valore 'sulla carta' si avvicina a quello reale, cioè non è gonfiato.

8.9   Ricapitalizzare una banca

Se una banca ha scarsa liquidità, cioè non ha soldi sufficienti per coprire il suo passivo, si rende necessaria una ricapitalizzazione. Cioè: servono soldi in entrata. Per raccoglierli, le banche spesso emettono azioni, che poi vengono vendute sul mercato.

8.10 Cartolarizzazione

Lo dice la parola stessa: ***cartolarizzare*** sta per "rendere cartaceo", cioè trasformare in un pezzo di carta, un titolo, qualcosa che non lo è, come un mutuo. Facciamo un esempio. La banca conferisce una serie di prestiti immobiliari ed ad un certo punto può decidere di "cartolarizzarli", cioè di emettere dei titoli, a garanzia dei prestiti concessi. Titoli che finiscono sul mercato e che possono essere comprati da investitori o da istituzioni. Sono come le obbligazioni: hanno una scadenza e un tasso di interesse. Servono a conferire liquidità, moneta sonante, alla banca.

Gli Istituti possono cartolarizzare di tutto, per racimolare soldi sul mercato: non solo mutui, anche prestiti ad aziende o professionisti, prestiti a studenti, microcrediti, carte di credito.

8.11 Obbligazioni e azioni

Le azioni e le obbligazioni sono due tipologie di investimenti diverse. Se un risparmiatore decide di investire in **azioni** è come se comprasse quote (quindi, porzioni) di una società. L'azionista rischia con il capitale apportato: quando vende la sua azione, essa può non avere il valore al quale è stato pagato. Concetto da sottolineare è che non vi è una scadenza contrattuale dell'esser azionista; egli cessa di essere azionista quando vende la sua quota. Diversamente, acquistare un'**obbligazione** è come prestare dei soldi a una società, per un determinato periodo di tempo. L'acquisto di azioni è qualcosa di più redditizio, ma anche di potenzialmente più rischioso rispetto all'investimento in obbligazioni. Il rischio nelle obbligazioni è limitato in quanto all'obbligazionista spettano gli interessi e, alla scadenza, il ritorno del capitale "prestato". Nel caso in cui non vi siano fondi in cassa, l'obbligazionista rischia di non vedersi ritornare il suo capitale (come è successo nel caso Parmalat).

Capitolo 9: Banca d'Italia[72]

9.1 Storia

La **Banca d'Italia**, giornalisticamente nota anche come **Bankitalia**, è la banca centrale della Repubblica Italiana, parte integrante dal 1998 del sistema europeo delle banche centrali (SEBC)[73].

La Banca d'Italia è un istituto di diritto pubblico come stabilito dal Regio decreto-legge 12 marzo 1936, n. 375 (legge bancaria del 1936) e dallo stesso statuto all'articolo 1, comma 1, e come ribadito anche da una sentenza della Corte suprema di cassazione.

La sede centrale della Banca d'Italia è nel Palazzo Koch a Roma, con sedi secondarie e succursali in tutta Italia. L'attuale governatore è Ignazio Visco, nominato il 20 ottobre 2011.

La Convenzione per la formazione della Banca d'Italia ed il suo Statuto sono stati approvati a Firenze che era la Capitale del Regno d'Italia il 23 ottobre 1865 (atti n. 2585). Il medesimo giorno la Banca nazionale assumeva l'onere di servizio di Tesoreria dello Stato (atti n. 2586).

La Banca d'Italia viene istituita con la legge n. 449 del 10 agosto 1893, dalla fusione di quattro banche: la Banca Nazionale nel Regno d'Italia (già Banca Nazionale negli Stati Sardi), la Banca Nazionale Toscana, la Banca Toscana di Credito per le Industrie e il Commercio d'Italia e dalla liquidazione della Banca Romana in seguito al

---

[72] Estratto dal sito https://it.wikipedia.org/wiki/Banca_d'Italia

[73] https://it.wikipedia.org/wiki/Sistema_europeo_delle_banche_centrali

cosiddetto scandalo della Banca Romana. Con una serie complessa di fusioni fra queste banche, si forma quella che diventerà l'attuale Banca d'Italia. Artefici dell'operazione sono alcune famiglie di banchieri, soci storici: Bombrini, Bastogi, Balduino. Nel 1926 la Banca d'Italia ottiene l'esclusiva sull'emissione della moneta (viene così abrogato il regio decreto del 28 aprile 1910, n. 204, che aveva confermato la prerogativa anche al Banco di Napoli ed al Banco di Sicilia). Nel 1928 la Banca viene riorganizzata. Al direttore generale viene affiancato un governatore, dotato di poteri maggiori.

Nel 1936 la Banca d'Italia diventa istituto di diritto pubblico (articolo 3 della legge bancaria del 1936 ovvero il regio decreto-legge 12 marzo 1936, n. 375, convertito, con modificazioni, dalla legge 7 marzo 1938, n. 141, e successive modificazioni e integrazioni), le viene assegnato il compito di vigilare sulle banche italiane e ottiene la conferma del potere di emissione della moneta. Dopo l'armistizio dell'8 settembre le autorità tedesche pretesero la consegna della riserva aurea. 173 tonnellate d'oro furono trasferite dapprima presso la sede di Milano, e poi a Fortezza. Successivamente se ne persero le tracce. Nel 1948 viene conferito al governatore il compito di regolare l'offerta di moneta e decidere il tasso di sconto.

Nel luglio 1981 venne avviata, per decisione dell'allora Ministro del tesoro Beniamino Andreatta, la separazione consensuale fra lo stato e la sua banca centrale. Da quel momento l'istituto non era più tenuto ad acquistare le obbligazioni che il governo non riusciva a piazzare sul mercato, cessando quindi la monetizzazione del debito pubblico italiano che aveva eseguito dal secondo dopoguerra fino a quel momento. Tale decisione fu osteggiata dal Ministro delle finanze Rino Formica, il quale avrebbe voluto che la Banca d'Italia fosse tenuta a rimborsare almeno una quota di questi titoli, e si giunse dall'estate 1982 ad una serie di scontri verbali intra-governativi fra i due ministri nota come la *Lite delle comari*, cui seguì la caduta del secondo governo Spadolini pochi mesi dopo.

La legge del 7 febbraio 1992 n. 82, proposta dall'allora Ministro del tesoro Guido Carli, chiarisce che la decisione sul tasso di sconto è di competenza esclusiva del governatore e non deve essere più concordata di concerto con il ministro del Tesoro (il precedente decreto del presidente della Repubblica, viene modificato in relazione alla nuova legge con il DPR del 18 luglio). Il d.lgs 10 marzo 1998 n. 43 sottrae la Banca d'Italia alla gestione da parte del governo italiano, sancendo l'appartenenza della stessa al sistema europeo delle banche centrali. Da questa data quindi la quantità di moneta circolante viene decisa in autonomia dalla Banca centrale. Il 13 giugno 1999 il senato della Repubblica, nel corso della XIII Legislatura discute il disegno di legge n. 4083 "Norme sulla proprietà della Banca d'Italia e sui criteri di nomina del Consiglio superiore della Banca d'Italia". Tale disegno di legge vorrebbe far acquisire dallo stato tutte le azioni dell'istituto, ma non viene mai approvato.

Il 4 gennaio 2004 il numero 1 della rivista "Famiglia Cristiana" riporta, per la prima volta nella storia, l'elenco dei partecipanti al capitale della Banca d'Italia con le relative quote. La fonte è un dossier di *Ricerche & Studi* di Mediobanca, diretta dal ricercatore Fulvio Coltorti, il quale, indagando a ritroso sui bilanci di banche, assicurazioni ed enti, ed annotando mano a mano le quote che segnalavano una partecipazione al capitale della Banca d'Italia è riuscito a ricostruire gran parte dell'elenco dei partecipanti della massima istituzione finanziaria italiana.

Il 20 settembre 2005 l'elenco degli azionisti viene reso ufficialmente disponibile da Bankitalia; fino a questo momento era considerato riservato. Il 19 dicembre 2005, dopo intense campagne di stampa e critiche al suo operato nell'ambito dello scandalo di Bancopoli, il governatore Antonio Fazio si dimette. Pochi giorni dopo, viene nominato al suo posto Mario Draghi, che si insedierà il 16 gennaio 2006.

La legge 28 dicembre 2005, n. 262, nell'ambito di varie misure a tutela del risparmio, introduce per la prima volta un termine al mandato del governatore e dei membri del direttorio. Essa ha inoltre affrontato (articolo 19, comma 10) il tema della proprietà del capitale della Banca d'Italia prevedendo la ridefinizione dell'assetto partecipativo dell'Istituto mediante un regolamento governativo da emanarsi entro tre anni dall'entrata in vigore della legge stessa. Tale regolamento avrebbe dovuto disciplinare le modalità di trasferimento delle quote in possesso di "soggetti diversi dallo Stato o da altri enti pubblici". La delega operata dalla legge 262/2005 è dunque venuta a scadenza senza che sia stato emanato il regolamento, ma il diritto alla titolarità delle quote degli attuali partecipanti è comunque salvaguardato da una norma dello Statuto della Banca. Sulla base della legge 262/2005, Mario Draghi diventa il primo governatore ad avere un mandato a termine di sei anni, rinnovabile una sola volta per ulteriori sei anni.

Con D.P.R. del 12 dicembre 2006 viene approvato il nuovo statuto che recepisce, tra le altre cose, le indicazioni della BCE e prevede

- la riaffermazione della natura pubblicistica della Banca, nonché dell'autonomia e dell'indipendenza dell'operato;

- le procedure di nomina e rinnovo del mandato del Governatore in base a quanto già avviene in Europa

- la nomina degli alti dirigenti quali il direttore generale

9.2 Organi e azionisti dell'istituto:Compiti e poteri dei diversi *stakeholder*

L'assemblea dei partecipanti:

- elegge, presso ciascuna delle 13 sedi regionali i componenti del Consiglio superiore della Banca d'Italia;

- approva il bilancio dell'istituto;

- non interviene in alcun modo nella nomina del governatore e dei membri del direttorio;

- elegge i sindaci;

- approva la nomina della Società per la certificazione del bilancio, da eseguirsi ai sensi dell'art. 27 dello Statuto del SEBC.

Il Consiglio superiore:

- è composto da 13 membri, in carica per 5 anni rinnovabili non più di due volte;

- esprime un parere, per quanto concerne il governatore, sul rinnovo del suo mandato e la revoca nei casi previsti dall'articolo 14.2 dello statuto del SEBC;

- su proposta del governatore, nomina il direttore generale e i vice direttori generali, rinnova i loro mandati e li revoca per i motivi previsti dall'art. 14.2 dello statuto del SEBC;

- svolge funzioni amministrative, di vigilanza e controllo sull'andamento della gestione;

- interviene su specifici aspetti gestionali anche in materia organizzativa.

Il collegio sindacale:

- la sua composizione consiste in cinque membri effettivi, fra cui il presidente; i membri supplenti sono due;

- I sindaci rimangono in carica tre anni e sono rieleggibili non più di tre volte;

- Il collegio sindacale svolge funzioni di controllo sull'amministrazione della banca per l'osservanza della legge dello statuto e del regolamento generale;

- esercita il controllo contabile, esamina il bilancio d'esercizio ed esprime il proprio parere sulla distribuzione del dividendo annuale.

- inoltre questi prendono parte alle riunioni del consiglio superiore.

Il direttorio:

- è un organo collegiale, costituito dal governatore, dal direttore generale e da tre vicedirettori generali;

- assume provvedimenti aventi rilevanza esterna nell'esercizio delle finalità istituzionali, con esclusione di quelle attribuite al SEBC;

Le attività di vigilanza sono competenza decisionale del governatore e del direttorio.

Le attività di regolazione dell'offerta di moneta sono competenza decisionale del governatore che le esprime nell'ambito del consiglio direttivo della Banca centrale europea. Attualmente i cinque componenti del direttorio sono: Ignazio Visco, governatore; Salvatore Rossi, direttore generale; Fabio Panetta, vice direttore generale; Luigi Federico Signorini, vice direttore generale; Valeria Sannucci, vice direttore Generale.

9.3   I membri del consiglio superiore

Il "Consiglio superiore" della Banca d'Italia nomina, su proposta del governatore, il direttore generale e i vice direttori generali, ed è formato da 13 membri, ciascuno eletto presso ciascuna delle 13 Sedi:

Giovanni Montanari (Ancona);

Nicola Cacucci (Bari);

Stefano Possati (Bologna);

Francesco Argiolas (Cagliari);

Franca Alacevich (Firenze);

Carlo Castellano (Genova);

Donatella Sciuto (Milano);

Paolo De Feo (Napoli);

Giovanni Finazzo (Palermo);

Cesare Mirabelli (Roma);

Lodovico Passerin d'Entrèves (Torino);

Andrea Illy (Trieste);

Ignazio Musu (Venezia).

I membri del consiglio durano in carica cinque anni e sono rieleggibili non più di due volte.

9.4   I partecipanti al capitale della Banca d'Italia

Lo statuto della Banca centrale all'articolo 3 specifica le tipologie giuridiche dei soggetti che possono detenere quote del capitale sociale.

Prima della revisione del 12 dicembre 2006, lo stesso articolo indicava invece che il pacchetto di controllo doveva essere detenuto da soggetti pubblici. La legge 28 dicembre 2005, n. 262, *Disposizioni per la tutela del risparmio e la disciplina dei mercati finanziari*, prevedeva all'articolo 19, comma 10 (che non verrà mai attuato):

> *Con regolamento da adottare ai sensi dell'articolo 17 della legge 23 agosto 1988, n. 400, è ridefinito l'assetto proprietario della Banca d'Italia, e sono disciplinate le modalità di trasferimento, entro tre anni dalla data di entrata in vigore della presente legge, delle quote di partecipazione al capitale della Banca d'Italia in possesso di soggetti diversi dallo Stato o da altri enti pubblici.*

La distribuzione delle quote è rimasta sostanzialmente invariata dal 1948 ad oggi, e gli unici cambiamenti sono stati dovuti alle acquisizioni e fusioni bancarie avvenute nel frattempo. L'elenco dettagliato dei partecipanti si trova sul sito web della Banca d'Italia[74]:

---

[74]https://www.bancaditalia.it/chi-siamo/funzioni-governance/partecipanti-capitale/Partecipanti.pdf

Anatocismo nei mutui: Le Formule Segrete

BANCA D'ITALIA
EUROSISTEMA

Partecipanti al capitale della Banca d'Italia al 1° gennaio 2016

	ENTE PARTECIPANTE	QUOTE
1	Intesa Sanpaolo S.p.A.	76.787
2	UniCredit S.p.A.	56.049
3	Cassa di Risparmio in Bologna S.p.A.	18.602
4	Generali Italia S.p.A.	16.425
5	Banca Carige S.p.A. - Cassa di Risparmio di Genova e Imperia	12.093
6	Istituto Nazionale della Previdenza Sociale	9.000
7	Cassa Nazionale di Previdenza e Assistenza Forense	9.000
8	Cassa Nazionale di Previdenza ed Assistenza per gli Ingegneri ed Architetti Liberi Professionisti -_INARCASSA	9.000

Anatocismo nei mutui: Le Formule Segrete

	ENTE PARTECIPANTE	QUOTE
9	Ente Nazionale di Previdenza ed Assistenza dei Medici e degli Odontoiatri – Fondazione ENPAM	9.000
10	Banca Nazionale del Lavoro S.p.A.	8.500
11	Istituto Nazionale per l'Assicurazione contro gli Infortuni sul Lavoro	8.000
12	Banca Monte dei Paschi di Siena S.p.A.	7.500
13	Cassa di Risparmio di Biella e Vercelli S.p.A.	6.300
14	Cassa di Risparmio di Parma e Piacenza S.p.A.	6.094
15	UnipolSai Assicurazioni S.p.A.	6.000
16	Cassa di Risparmio di Firenze S.p.A.	5.656
17	Banco Popolare S.c.	3.668
18	Cassa di Risparmio del Veneto S.p.A.	3.610
19	Ente Nazionale di Previdenza per gli Addetti e gli Impiegati in Agricoltura – Fondazione E.N.P.A.I.A.	3.000
20	Cassa di Risparmio di Asti S.p.A.	2.800

Anatocismo nei mutui: Le Formule Segrete

	ENTE PARTECIPANTE	QUOTE
21	Nuova Banca delle Marche S.p.A.	2.459
22	Cassa di Risparmio del Friuli Venezia Giulia S.p.A. CARIFVG	1.869
23	Cassa Nazionale di Previdenza ed Assistenza a favore dei Ragionieri e Periti Commerciali	1.500
24	Cassa di Risparmio di Pistoia e della Lucchesia S.p.A.	1.126
25	Casse di Risparmio dell'Umbria S.p.A.	1.106
26	Nuova Cassa di Risparmio di Ferrara S.p.A.	949
27	Banca Popolare di Milano S.c a r.l.	873
28	Cassa di Risparmio di Ravenna S.p.A.	769
29	Banca Regionale Europea S.p.A.	759
30	Banca Popolare dell'Emilia Romagna S.c	759
31	Cassa di Risparmio di Fossano S.p.A.	750
32	Banca Popolare di Vicenza S.c.p.A.	687

Anatocismo nei mutui: Le Formule Segrete

	ENTE PARTECIPANTE	QUOTE
33	Cassa di Risparmio di Cesena S.p.A.	675
34	Banca dell'Adriatico S.p.A.	653
35	Cassa di Risparmio di S. Miniato S.p.A.	652
36	Cassa dei Risparmi di Forlì e della Romagna S.p.A.	605
37	Fondazione Cassa di Risparmio di Carpi	600
38	Banca Carime S.p.A.	500
39	Società Reale Mutua di Assicurazioni	500
40	Veneto Banca S.c.p.a.	480
41	Eurovita Assicurazioni S.p.A.	400
42	Fondazione Cassa di Risparmio di Perugia	400
43	BANCA CARIM - Cassa di Risparmio di Rimini S.p.A.	393
44	Cassa di Risparmio di Bolzano S.p.A.	377

Anatocismo nei mutui: Le Formule Segrete

	ENTE PARTECIPANTE	QUOTE
45	Cassa di Risparmio di Cento S.p.A.	311
46	Fondazione Cassa di Risparmio di Reggio Emilia Pietro Manodori	300
47	Cassa di Risparmio della Spezia S.p.A.	266
48	Cassa di Risparmio di Orvieto S.p.A.	237
49	Banca Cassa di Risparmio di Savigliano S.p.A.	200
50	Allianz S.p.A.	200
51	Banca di Credito Cooperativo di Roma società cooperativa	200
52	Banca Sistema S.p.A.	200
53	Banca del Piemonte	200
54	Cassa di Risparmio di Volterra S.p.A.	194
55	Nuova Cassa di Risparmio di Chieti S.p.A.	151
56	Cassa di Risparmio di Fermo S.p.A.	130

Anatocismo nei mutui: Le Formule Segrete

	ENTE PARTECIPANTE	QUOTE
57	Banca Sella Holding S.p.A.	120
58	TERCAS - Cassa di Risparmio della Provincia di Teramo S.p.A.	115
59	Credito Valtellinese S.c.	101
60	CARILO - Cassa di Risparmio di Loreto S.p.A.	100
61	Cassa di Risparmio della Repubblica di San Marino S.p.A.	36
62	Banca CARIPE S.p.A.	8
63	Cassa di Risparmio di Saluzzo S.p.A.	4
64	Banca del Monte di Lucca S.p.A	2
	Totale quote	300.000

Da questa tabella è effettivamente complicato capire come una banca che dovrebbe essere nazionale, statale lo è solo per circa il 6%....

9.5 Lo status

La Banca d'Italia è un istituto di diritto pubblico come stabilito dalla legge bancaria del 1936 e dallo stesso statuto all'articolo 1, 1 comma, e come ribadito anche da una sentenza della Corte Suprema di Cassazione, secondo quanto previsto dalla legge bancaria del 1936, tuttora in vigore limitatamente ad alcuni articoli. La cassazione lo ha ribadito il 21 luglio 2006, con la sentenza 16751 a sezioni riunite, dove ha affermato che la Banca d'Italia *"non è una società per azioni di diritto privato, bensì un istituto di diritto pubblico secondo l'espressa indicazione dell'articolo 20 del R.D. del 12 marzo 1936 n.375"*. la proprietà può quindi essere di soggetti privati, la gestione ha un ruolo pubblicistico, come compiti e poteri.

La banca, pertanto, segue regole di funzionamento differenti da quelle di una normale società per azioni, come si evince anche dallo statuto, che assegna ai soci un numero di voti non proporzionale alle azioni possedute (limitando i voti dei soci maggiori). Come gli enti pubblici, la Banca Centrale persegue fini di pubblica utilità e gode del rapporto di sovraordinazione degli enti statali sui soggetti privati, fra i quali vige invece un rapporto di equiordinazione (secondo il diritto privato). Questo status rende le decisioni dell'istituto vincolanti per le banche. Lo status giuridico di ente pubblico esclude la possibilità di fallimento della Banca d'Italia e, tramite il suo intervento nei casi di crisi, fino al 2015 vi era anche la pratica impossibilità di fallimento delle banche private, garantendo la stabilità dell'intero sistema bancario italiano.

Per preservare l'indipendenza dell'istituto dal potere politico è previsto che le azioni della Banca d'Italia possano appartenere solo a banche, assicurazioni ed enti pubblici economici (ad esempio l'INPS). Tale situazione è da alcuni considerata un'anomalia foriera di possibili conflitti di interesse controllato-controllore, poiché i partecipanti al capitale della Banca comprendono anche le banche sul cui operato la Banca d'Italia è chiamata dalla legge a vigilare. Secondo lo statuto il potere dei partecipanti riguarda l'approvazione del bilancio e la nomina del Consiglio Superiore, al quale vengono solitamente eletti esponenti del mondo dell'economia e dell'industria, e non formali rappresentanti delle banche.

Il Consiglio Superiore svolge funzioni amministrative, e partecipa con ruolo consultivo (ma vincolante) al processo di nomina del governatore, che dirige le attività di vigilanza insieme al resto del direttorio.

Il decreto legge 30 novembre 2013 n. 133 all'art. 5 stabilisce il divieto per il Consiglio Superiore e l'Assemblea dei Partecipanti di ingerenza con le funzioni pubbliche attribuite al Governatore e alla Banca di Italia dalle leggi italiane e dalle fonti comunitarie. Viene modificato il meccanismo di nomina e la composizione del Consiglio Superiore. È composto dal Governatore e da 13 consiglieri. Il Consiglio stesso (ad opera di un comitato istituito al suo interno) prima della fine del mandato identifica i candidati della sua successiva elezione, che saranno poi sottoposti e scelti dalle Assemblee dei Partecipanti. Il governo italiano si riserva il diritto di presenziare alle sedute del Consiglio Superiore e dell'Assemblea Generale dei Partecipanti.

9.6   Funzioni

La Banca d'Italia svolge varie funzioni:

• concorre a determinare le decisioni di politica monetaria per l'intera area dell'Euro nel Consiglio Direttivo della Banca centrale europea intervenendo anche sul mercato dei cambi.

• esercita l'attività di vigilanza sulle banche, sugli intermediari finanziari, sugli IMEL (Istituti di Moneta Elettronica), sugli Istituti di pagamento (IP) e, d'intesa con la CONSOB[75], sugli intermediari non bancari (SIM, SICAV e SGR), emanando regolamenti, impartendo istruzioni e assumendo provvedimenti nei confronti degli intermediari finanziari;

• supervisiona i mercati monetari e finanziari (in particolare sul MTS - mercato all'ingrosso dei Titoli di Stato - e sul MID - mercato dei fondi interbancari) e i depositari centrali (Monte Titoli per i titoli pubblici e privati diversi dagli strumenti derivati e la Cassa di Compensazione e Garanzia (*clearing house*), per gli strumenti derivati.

• promuove, ai sensi dell'articolo 146 del Testo Unico Bancario, il regolare funzionamento dei sistemi di pagamento nonché dei sistemi di compensazione e regolamento delle transazioni in titoli. A tale proposito, la Banca d'Italia, come ogni altra banca centrale appartenente al SEBC, si propone con tre approcci: 1) con un ruolo operativo, come gestore di servizi. In tale ambito, ad esempio, ha progettato e realizzato, con la Banque de France e la Deutsch Bundesbank (le cosiddette

---

[75] https://it.wikipedia.org/wiki/CONSOB

3CB, cioè le tre banche centrali), il sistema di regolamento lordo in tempo reale dei pagamenti di importo rilevante (TARGET e, dal 2008, TARGET2). È in fase di realizzazione il sistema Target2-Securities per il regolamento delle transazioni in titoli, il cui completamento è previsto entro il 2015. Il progetto coinvolge le 3CB e la Banca de Espana; 2) come autorità di sorveglianza, stabilendo principi e norme anche con riferimento al funzionamento delle infrastrutture di *clearing* e *settlement* (cioè, di compensazione e regolamento); 3) come catalizzatore, sostenendo iniziative promosse dal mercato;

• partecipa alle attività dei principali organismi finanziari internazionali, tra i quali il Fondo monetario internazionale (FMI), la Banca dei regolamenti internazionali (BRI) e la Banca Mondiale

• offre consulenze analitiche e informative sullo stato dell'economia agli organi costituzionali in materia di politica economica e finanziaria, anche attraverso la relazione annuale del governatore che si tiene in occasione dell'assemblea dei partecipanti al capitale entro il 31 maggio di ogni anno;

• ha funzioni di controllo in materia di antiriciclaggio che svolge attraverso l'UIF, l'Unità di informazione finanziaria che, a far tempo dall'1.1.2008, svolge le competenze del dismesso UIC (Ufficio italiano dei cambi).

Inoltre, le filiali della Banca d'Italia svolgono dal 1907 la funzione di Tesoreria provinciale dello Stato. Questo incarico, ai sensi della legge n. 104/91, è regolato da apposita convenzione tacitamente rinnovata di 20 anni in 20 anni, salvo disdetta di una delle parti da notificarsi all'altra parte almeno 5 anni prima della scadenza. Dal 1999, la Banca d'Italia svolge altresì, tramite la succursale di Roma sita in via dei Mille, la funzione di Tesoreria centrale.

9.7   Organizzazione:Amministrazione centrale

L'Amministrazione centrale della Banca d'Italia, sita in Roma, è articolata in otto Dipartimenti (ciascuno dei quali fa capo a un Capo Dipartimento, dirigente di livello apicale) e 36 Servizi. Ogni Servizio è a sua volta suddiviso in Divisioni e/o Uffici.

La maggior parte delle strutture dell'Amministrazione centrale si trova nel centro di Roma, spesso in palazzi di grande prestigio. Il governatore, ad esempio, ha i suoi uffici in via Nazionale, a palazzo Koch.

Nel 1999 alcuni servizi sono stati trasferiti nel *Centro Donato Menichella*, un complesso di nuova costruzione, sito a Vermicino (Frascati). Si tratta dei Servizi legati all'informatica ed alle telecomunicazioni, all'organizzazione interna, agli acquisti, alla gestione immobiliare.

Circa la metà del personale della Banca d'Italia è assegnato all'Amministrazione centrale.

9.8   L'Unità di informazione finanziaria

Istituita ai sensi del d.lgs. n. 231/2007, esercita le proprie funzioni in autonomia e indipendenza. La Banca d'Italia ne disciplina con regolamento l'organizzazione e il funzionamento. L'UIF si avvale di risorse umane e tecniche, di mezzi finanziari e di beni strumentali della Banca. È sita a Roma, in largo Bastia.

9.9 Strutture Periferiche: Filiali

Filiale regionale del Lazio della Banca d'Italia, a Roma, accanto alla sede del Ministero dell'economia e delle finanze, in via xx settembre, 97/E

Le filiali della Banca d'Italia, fino al 2009, si suddividevano in *sedi* e *succursali*, articolate su un modello in cui ogni Filiale aveva nel complesso le medesime funzioni.

Le Sedi, lascito delle origini regionalistiche della Banca d'Italia, erano 14 ed erano insediate nelle città di Ancona, Bari, Bologna, Cagliari, Firenze, Genova, Livorno, Milano, Napoli, Palermo, Roma, Torino, Trieste, Venezia.

Nei capoluoghi delle province rimanenti erano invece presenti delle succursali. Nelle province istituite dopo il 1992, ai sensi della legge n. 104/1991, non vi sono mai istituite nuove presenze della Banca facendosi invece riferimento alla filiale della provincia di provenienza.

A Roma sono tuttora presenti tre diverse strutture: 'Roma Sede', 'Roma Succursale' e la filiale di 'Roma Tuscolano' (attualmente presso il Centro Donato Menichella).

In passato anche le città di Milano e Napoli avevano sia una sede che una succursale. Nel corso del 2005, in entrambe le città si è avuta l'unificazione di Sede e Succursale in un'unica struttura.

Alla fine del 2009 è terminata la ristrutturazione della rete periferica che ha comportato la chiusura di 33 filiali e la rimodulazione di altre 37: 25 specializzate nei servizi all'utenza (soprattutto legate alla funzione di Tesoreria provinciale dello Stato), 6 specializzate nel trattamento del contante, 6 unità delocalizzate specializzate in vigilanza, prive di autonomia e direttamente dipendenti dalla filiale sita nel rispettivo capoluogo regionale. Rimangono inalterate le funzioni delle 20 Filiali site nei capoluoghi regionali (cosiddette *filiali regionali*) e di altre 6 Filiali cosiddette "ad ampia operatività" (Brescia, Verona, Catania, Forlì, Bolzano, Salerno). In definitiva, a un modello che poteva definirsi "provincialistico" in cui la Banca aveva una filiale in ciascuna provincia italiana (fatta eccezione per quelle istituite dopo il 1992) si è passati a un modello "regionalistico" in cui la Filiale sita nel capoluogo regionale estende parte delle proprie competenze (sia istituzionali che di auto-amministrazione) anche sulle filiali site nelle restanti province regionali in cui permane una filiale della Banca.

9.10   Delegazioni all'estero

La Banca d'Italia mantiene tre delegazioni all'estero a Londra, New York e Tokyo. Nel corso del 2009 sono state chiuse le delegazioni di Bruxelles, Francoforte sul Meno e Parigi.

Queste delegazioni curano i contatti con gli organismi internazionali e le istituzioni finanziarie locali. Il progetto di riforma organizzativa concluso nel 2009 ha previsto il rafforzamento della presenza della Banca in aree economiche emergenti (Cina, India e Brasile), con modalità snelle di insediamento. A tale proposito, il 17 luglio 2007 è stato sottoscritto un protocollo d'intesa tra il governatore Mario Draghi e il ministro degli Affari Esteri

Massimo D'Alema che regola le modalità di insediamento di personale della Banca presso gli uffici consolari all'estero.

9.11   SADiBa

La Banca d'Italia gestisce a Perugia la **Scuola di automazione per dirigenti bancari** (SADiBa). Oltre ad ospitare corsi, è anche sede di incontri, conferenze e dibattiti, di livello sia nazionale che internazionale, su temi economici e finanziari.

9.12   Partecipate

Tra le partecipazioni dirette della Banca d'Italia dal 1942 c'è la Bonifiche Ferraresi, quotata in Borsa dal 1947.

9.13   Capitale sociale e utili distribuiti

La legge bancaria del 1936 fissò il capitale sociale in 300 milioni di lire, rappresentato da quote nominative di 1000 lire. Nel 1999, vista dell'adozione dell'Euro, il capitale è stato convertito in 156.000 euro. Nel 2008 ha realizzato un utile lordo di 502.939.255 euro, sulla base del quale ha pagato allo Stato 327.727.564 euro di imposte sui redditi (pari a circa il 65,16% dell'utile lordo), realizzando così un utile netto di esercizio di 175.211.691 euro. Ha versato poi al Tesoro, a titolo di ripartizione dell'utile al netto di imposte, la somma di 105.111.415 euro (pari a circa il 59,99% dell'utile netto). Ai rimanenti 70.100.276 euro è stata sottratta la somma di 35.042.338 euro destinata a riserva ordinaria e un'uguale cifra accantonata a riserva straordinaria. I restanti 15.600 euro sono stati sommati a 58.788.000 euro - a norma dell'art. 40 dello Statuto della Banca d'Italia, lo 0,50% "*a valere sul fruttato*" delle riserve, ordinaria e straordinaria, che al 31 dicembre 2007 erano di 11.757.789.000 euro - per un totale di 58.803.600 euro (196,012 euro per ogni quota di partecipazione) da ripartirsi fra i partecipanti diversi dallo Stato.

Il decreto legge 30 novembre 2013, n. 133 (cosiddetto "decreto IMU-Bankitalia", convertito con modificazioni con legge n. 5 del 2014) ha rivalutato il capitale sociale elevandolo a 7,5 miliardi di euro; le quote nominative di partecipazione hanno assunto il valore di 25.000 euro ciascuna. La rivalutazione del capitale, ovviamente, incidendo in misura uguale su tutte le quote, ha lasciato invariato il peso relativo delle singole partecipazioni. Sempre in base alla legge in questione, le quote di partecipazione al capitale possono appartenere solamente a banche, imprese di assicurazione, enti ed istituti di previdenza aventi sede legale e amministrazione centrale in Italia. Ciascun partecipante non può possedere, direttamente o indirettamente, una quota del capitale superiore al 3 per cento (art. 4, comma 5). La Banca di Italia può effettuare operazioni di *buy-back* di proprie quote.

Per le quote possedute in eccesso non spetta il diritto di voto ma, per un periodo di 24 mesi dalla promulgazione della legge, sono riconosciuti i relativi dividendi. Pertanto, al termine di questo periodo transitorio, le quote in eccesso rispetto alla soglia del 3% saranno "sterilizzate": non conferiranno diritto di voto né daranno titolo a ricevere dividendi.

9.14   Distribuzione dei dividendi

Ai partecipanti al capitale sono distribuiti dividendi per un importo massimo del 6% del capitale stesso: si tratta, quindi, di un importo massimo di 450 milioni di euro, da dividere fra tutti i partecipanti. I restanti utili sono destinati a distribuzione, o ad accantonamento, nelle misure e con le modalità che seguono:

• accantonamento alla riserva ordinaria, fino alla misura massima del 20 per cento;

• accantonamento alla riserva straordinaria e ad eventuali fondi speciali, fino alla misura massima del 20 per cento;

• distribuzione allo Stato, per l'ammontare residuo.

Capitolo 10: La BCE (Banca Centrale Europea)[76]

10.1 Capitale della banca centrale europea

Al 1° gennaio 2015, il capitale della BCE ammonta a 10.825.007.069,61 euro ed è sottoscritto dalle banche centrali nazionali (BCN) di tutti gli Stati membri dell'UE.

Le quote di partecipazione delle BCN al capitale della BCE sono calcolate secondo uno schema che riflette il peso percentuale del rispettivo Stato membro nella popolazione totale e nel prodotto interno lordo dell'UE, due determinanti che incidono in pari misura. Sulla base dei dati forniti dalla Commissione europea, la BCE adegua i coefficienti di ponderazione con cadenza quinquennale e ogni volta che un nuovo paese entra a far parte dell'UE.

Dall'avvio della Terza fase dell'Unione economica e monetaria, il 1° gennaio 1999, lo schema di sottoscrizione del capitale è stato modificato in sei occasioni: il 1° gennaio 2004, il 1° gennaio 2009 e il 1° gennaio 2014 per gli adeguamenti quinquennali, il 1° maggio 2004 per l'adesione all'UE di Repubblica Ceca, Estonia, Cipro, Lettonia, Lituania, Ungheria, Malta, Polonia, Slovenia e Slovacchia, il 1° gennaio 2007 per l'ingresso nell'UE di Bulgaria e Romania e il 1° luglio 2013 per l'adesione della Croazia all'UE.

---

[76]https://www.ecb.europa.eu/ecb/orga/capital/html/index.it.html

10.2   BCN dei paesi dell'area dell'euro

L'ammontare sottoscritto e interamente versato dalle BCN dei paesi dell'area dell'euro a valere sul capitale della BCE è pari a un totale di 7.619.884.851,40 euro, ripartiti nel seguente modo.

10.2.1 Contributo delle BCN dei paesi dell'area dell'euro al capitale della BCE

Banca centrale nazionale	Quota di partecipazione al capitale della BCE (in %)	Capitale versato (in euro)
1) Eventuali discrepanze fra la somma dei singoli importi e il totale sono dovute agli arrotondamenti.		
Nationale Bank van België/Banque Nationale de Belgique (Belgio)	2,4778	268.222.025,17
Deutsche Bundesbank (Germania)	17,9973	1.948.208.997,34
Eesti Pank (Estonia)	0,1928	20.870.613,63
Bank Ceannais na	1,1607	125.645.857,06

Banca centrale nazionale	Quota di partecipazione al capitale della BCE (in %)	Capitale versato (in euro)
hÉireann/Central Bank of Ireland (Irlanda)		
Bank of Greece (Grecia)	2,0332	220.094.043,74
Banco de España (Spagna)	8,8409	957.028.050,02
Banque de France (Francia)	14,1792	1.534.899.402,41
Banca d'Italia (Italia)	12,3108	1.332.644.970,33
Central Bank of Cyprus (Cipro)	0,1513	16.378.235,70

Banca centrale nazionale	Quota di partecipazione al capitale della BCE (in %)	Capitale versato (in euro)
Latvijas Banka (Lettonia)	0,2821	30.537.344,94
Lietuvos bankas (Lituania)	0,4132	44.728.929,21
Banque centrale du Luxembourg (Lussemburgo)	0,2030	21.974.764,35
Bank Ċentrali ta' Malta/Central Bank of Malta (Malta)	0,0648	7.014.604,58
De Nederlandsche Bank (Paesi Bassi)	4,0035	433.379.158,03

Banca centrale nazionale	Quota di partecipazione al capitale della BCE (in %)	Capitale versato (in euro)
Oesterreichische Nationalbank (Austria)	1,9631	212.505.713,78
Banco de Portugal (Portogallo)	1,7434	188.723.173,25
Banka Slovenije (Slovenia)	0,3455	37.400.399,43
Národná banka Slovenska (Slovacchia)	0,7725	83.623.179,61
Suomen Pankki - Finlands Bank (Finlandia)	1,2564	136.005.388,82

Banca centrale nazionale	Quota di partecipazione al capitale della BCE (in %)	Capitale versato (in euro)
Totale	70,3915	7.619.884.851,40

I profitti e le perdite netti della BCE sono distribuiti tra le BCN dei paesi dell'area dell'euro conformemente all'articolo 33 dello Statuto del Sistema europeo di banche centrali e della Banca centrale europea.

10.2.2 Ripartizione dei profitti e delle perdite netti della BCE

Il profitto netto della BCE deve essere trasferito nell'ordine seguente:

1. un importo stabilito dal Consiglio direttivo, che non può superare il 20% del profitto netto, viene trasferito al fondo di riserva generale entro un limite pari al 100% del capitale;

2. il rimanente profitto netto viene distribuito ai detentori di quote della BCE in proporzione alle quote versate.

Qualora la BCE subisca una perdita, essa viene coperta dal fondo di riserva generale della BCE, e se necessario, previa decisione del Consiglio direttivo, dal reddito monetario dell'esercizio finanziario pertinente in proporzione e nei limiti degli importi ripartiti tra le banche centrali nazionali conformemente all'articolo 32.5.

10.3 BCN dei paesi non appartenenti all'area dell'euro

Le BCN dei 9 paesi dell'UE non appartenenti all'area dell'euro sono tenute a versare una percentuale minima delle quote di capitale rispettivamente sottoscritte, a titolo di contributo ai costi operativi della BCE connessi alla partecipazione al Sistema europeo di banche centrali. Dal 29 dicembre 2010 tale contributo è pari al 3,75% della rispettiva quota complessiva di capitale sottoscritto. Il capitale versato alla BCE dalle BCN dei paesi non appartenenti all'area dell'euro ammonta a 120.192.083,17 euro, ripartiti nel seguente modo.

10.3.1 Contributo al capitale della BCE di BCN paesi non appartenenti all'area Euro

Banca centrale nazionale	Quota di partecipazione al capitale della BCE (in %)	Capitale versato (in euro)
1) Eventuali discrepanze fra la somma dei singoli importi e il totale sono dovute agli arrotondamenti.		
Българска народна банка (Banca nazionale di Bulgaria) (Bulgaria)	0,8590	3.487.005,40
Česká národní banka (Repubblica Ceca)	1,6075	6.525.449,57

Banca centrale nazionale	Quota di partecipazione al capitale della BCE (in %)	Capitale versato (in euro)
Danmarks Nationalbank (Danimarca)	1,4873	6.037.512,38
Hrvatska narodna banka (Croazia)	0,6023	2.444.963,16
Magyar Nemzeti Bank (Ungheria)	1,3798	5.601.129,28
Narodowy Bank Polski (Polonia)	5,1230	20.796.191,71
Banca Naţionalā a României (Romania)	2,6024	10.564.124,40

Anatocismo nei mutui: Le Formule Segrete

Banca centrale nazionale	Quota di partecipazione al capitale della BCE (in %)	Capitale versato (in euro)
Sveriges riksbank (Svezia)	2,2729	9.226.559,46
Bank of England (Regno Unito)	13,6743	55.509.147,81
Totale	29,6085	120.192.083,17

Le BCN dei paesi inizialmente non appartenenti all'area dell'euro non hanno titolo a partecipare alla distribuzione degli utili, né sono tenute al ripianamento delle perdite della BCE.

Questo spiega la voce grossa della Bundesbank che è l'azionista di maggioranza nel *board*. Beh tutto ok insomma, in fondo sono tutte Banche Centrali della zona euro. Quindi nessun interesse privato e la cosa rimane nel sensato.

Non è proprio così ... iniziamo dall'insensato ... vediamo gli azionisti extra euro (che diavolo ci fanno degli azionisti extra-euro nella BCE?)

Ma, leggiamo bene? La bank of England possiede quote della BCE?

Quindi l'Inghilterra, detentrice di una delle monete più potenti del mondo, la Sterlina, è proprietaria della Banca Centrale Europea, ossia della Banca che dovrebbe tutelare la moneta EURO. Avete mai sentito parlare di BREXIT?

Poco male, non ci sono privati comunque ... o forse si? Prendiamo ad esempio la Banca d'Italia che è per buona parte in mano a privati (banche o altro che siano) e controlla a sua volta la BCE. Per la proprietà transitiva quindi la BCE è in mani ai privati.

Ricordiamo inoltre la Legge 28 dicembre 2005, n. 262 (art. 19), con la quale ha preso avvio la riforma dello statuto della Banca d'Italia approvato poi dall'assemblea generale dei suoi partecipanti il 28 novembre 2006. La citata legge disponeva che entro il 31 dicembre del 2008 fosse definito, mediante un regolamento, l'assetto proprietario della banca centrale italiana che doveva eliminare i soggetti privati dal proprio "azionariato".

Quella data è passata invano. Un accenno al problema fu fatto da Mario Draghi nelle considerazioni finali il 29 maggio del 2009. Occasione nella quale Enrico Salza, all'epoca presidente del consiglio di gestione di Intesa Sanpaolo, nel suo intervento all'assemblea degli azionisti della Banca d'Italia disse "Le banche partecipanti al capitale della Banca d'Italia, a fronte della cessione delle quote possedute, potrebbero destinare parte dei proventi così ottenuti alla sottoscrizione di strumenti di capitalizzazione utili ai fini di Vigilanza emessi dalle altre banche non titolari di quote". Idea questa molto interessante che riverserebbe sull'intero sistema bancario italiano una soluzione di cambiamento dell'assetto "azionario" di Bankitalia. In fondo qualsiasi DG della Banca d'Italia dichiara sempre che non c'è conflitto di interesse nell'avere la Banca d'Italia con azionisti privati, figuriamoci se può dire il contrario. Il privato fa i suoi interessi, ma appena siede nel *board* della Banca d'Italia diventa improvvisamente un filantropo e fa il bene comune.

E la FED ... peggio che peggio ...

È interessante far notare che il Federal Reserve Act del 1913 prevede che i nomi degli azionisti della FED *debbano restare segreti* e che mentre la sede operativa e amministrativa sono a Washington DC, *la sede legale è in Porto Rico*. Stato, quello del Porto Rico, che non ha una propria banca centrale né una propria moneta nazionale.

In realtà qualche anno fa i nomi degli azionisti sono emersi:

I SOCI DELLA FEDERAL RESERVE U.S.A.

Rothschild Bank di Londra	Kuhn Loeb Bank di New York
Warburg Bank di Amburgo	Israel Moses Seif Banks d'Italia
Rothschild Bank di Berlino	Goldman, Sachs di New York
Lehman Brothers di New York	Warburg Bank di Amsterdam
Lazard Brothers di Parigi	Chase Manhattan Bank di New York

I personaggi qui di seguito elencati possedevano banche che a loro volta possedevano azioni della FED. Le banche elencate hanno un controllo significativo sul New York FED District, che controlla gli altri 11 FED Districts. Queste banche sono in parte possedute da stranieri e controllano la New York FED District Bank:

First National Bank di New York	Levi P. Morton
James Stillman National City Bank, New York	M.P. Pyne
Mary W. Harnman	George F. Baker
National Bank of Commerce, New York	Percy Pyne
A.D. Jiullard	Mrs.G.F. St. George
Hanover National Bank, New York	J.W. Sterling
Jacob Schiff	Katherine St. George
Chase National Bank, New	H.P. Davidson

York	
Thomas F. Ryan	J.P. Morgan (Equitable Life/Mutual Life)
Paul Warburg	Edith Brevour T. Baker
William Rockefeller	

La cosa è curiosa: quindi la FED che ci sta dicendo che fa il bene degli USA e dell'umanità ha come azionista Goldman Sachs (tra le altre)?!

Concludendo, è chiaro ed evidente che l'emissione di moneta e il controllo del sistema bancario dell'Occidente è in mano a PRIVATI, per cui è **legittimo chiedersi:**

"Si comporteranno i PRIVATI in maniera tale da lucrare i propri investimenti a scapito dei cittadini e degli Stati Nazionali?"

Ai posteri l'ardua sentenza, sebbene vengono in mente le parole di un noto politico italiano: "*A pensar male del prossimo si fa peccato, ma spesso si indovina*"[77].

10.4   Cos'è il "Quantitative Easing"

Il *"Quantitative Easing"* è un piano di "alleggerimento quantitativo" attuato dalla Banca Centrale Europea (BCE), e prevede acquisto di titoli di stato e di altro tipo dalle banche per immettere nuovo denaro nell'economia europea, incentivare i prestiti bancari verso le imprese e far crescere

---

[77] **Giulio Andreotti**, *dal libro "Il potere logora... ma è meglio non perderlo"* (Rizzoli, 1990)

l'inflazione, oggi pericolosamente bassa. La maggior parte degli analisti e della stampa specializzata internazionale concorda sul fatto questa operazione sarà una delle più importanti e impegnative mai assunte dalla BCE da quando è iniziata la crisi economica.

Per avere quindi denaro per sostenere la loro economia, i loro servizi e le loro attività, gli stati emettono titoli che possono essere acquistati dai cittadini e dalle imprese, banche comprese. Semplificando: periodicamente uno stato offre titoli che costano X, con una scadenza, e si impegna a restituire i soldi a chi ha comprato quei titoli aggiungendo una percentuale di interessi quando questi sono scaduti. Chi acquista i titoli non può riavere il denaro investito più gli interessi fino alla loro scadenza, ma se vuole può venderli sul mercato o per ricavarci qualcosa o per non perderci troppo, nel caso ci siano rischi concreti che i titoli non possano essere ripagati alla loro scadenza da chi li ha emessi.

Tra i principali acquirenti di questi titoli ci sono le banche, che hanno quindi grandi quantità di denaro immobilizzate perché investite nei titoli, non solo di stato. Per creare moneta e cioè fare in modo che ci sia più denaro in circolazione, per ottenere prestiti dalle banche e attivare investimenti più facilmente, una banca centrale può decidere di ricorrere al QE. In pratica propone alle banche di ricomprarsi i titoli, di solito a condizioni vantaggiose, sperando che con il denaro ottenuto dalla vendita i singoli istituti bancari rendano più semplice l'accesso al credito, cioè la possibilità per i loro clienti, cittadini e imprese, di prendere denaro in prestito più facilmente e a tassi di interesse più bassi.

Il *Quantitative Easing* ha diverse conseguenze, di solito legate al contesto economico in cui viene realizzato. Tra le più comuni c'è l'impatto sull'andamento del costo della vita e del potere di acquisto della moneta. In breve: mettendo più denaro in circolazione con operazioni come il QE si riduce il valore della moneta, si svaluta, ce n'è di più, questo incide sulla domanda, e di conseguenza i prezzi aumentano perché il denaro con cui si fanno gli acquisti vale meno. Per questo motivo sale l'inflazione: una cosa generalmente percepita come negativa, perché fa aumentare i prezzi, ma le banche centrali sanno bene che un minimo di inflazione è positivo per evitare che si finisca in deflazione[78], cioè a una progressiva diminuzione dei prezzi. Oggi per l'UE e l'eurozona lo scenario più vicino e pericoloso è sicuramente la deflazione, più che l'inflazione.

La deflazione è molto rischiosa perché innesca un circolo vizioso dannoso per l'economia: consumatori e aziende rimandano i loro acquisti non indispensabili perché vedono che i prezzi continuano a scendere e si aspettano quindi altri cali, di conseguenza la domanda si mantiene debole e i produttori di beni e servizi riducono ulteriormente i prezzi, sperando che qualcuno acquisti. Le imprese di conseguenza registrano meno ricavi, avviano tagli e provano a ridurre i costi partendo da quelli che più influiscono sui loro bilanci, che di solito sono i dipendenti. Smettono inoltre di chiedere prestiti alle banche, perché non vogliono fare altri investimenti e avendo meno ricavi non saprebbero come pagare gli interessi.

---

[78] http://www.ilpost.it/2014/08/29/deflazione-italia/

Secondo diversi economisti, una delle soluzioni più efficaci per uscire dalla deflazione è proprio il ricorso all'alleggerimento quantitativo. Il sistema permette, almeno teoricamente, di incidere rapidamente sull'andamento dell'inflazione, facendo in modo che torni a salire riavviando i meccanismi economici. La strada del QE è seguita da tempo dalla Banca del Giappone, che già a partire dagli ultimi anni Novanta avviò una campagna di acquisto di titoli dalle banche per contrastare la deflazione. Un paio di anni fa la politica del QE è stata rafforzata con un piano molto ambizioso, e costoso, per fare aumentare l'inflazione in Giappone: è la cosiddetta "Abenomics"[79], la politica economica seguita dal primo ministro giapponese Shinzō Abe. La Federal Reserve, cioè la banca centrale degli Stati Uniti, ha attuato politiche di QE che secondo diversi osservatori hanno contribuito alla ripresa dell'economia statunitense registrata negli ultimi mesi (PIL e tasso di occupazione in crescita).

10.4.1 Che cosa vuole fare la BCE

Tra il 2011 e il 2012 la Banca Centrale Europea fece già qualcosa di simile al Quantitative Easing con il cosiddetto "Piano di rifinanziamento a lungo termine"[80], una serie di interventi finanziari con i quali la BCE concesse prestiti di denaro con scadenza a 3 anni alle banche che ne fecero fatto richiesta, ricevendo in cambio come garanzia titoli di stato

---

[79] http://www.ilpost.it/2013/05/23/shinzo-abe-giappone/

[80]http://www.ilpost.it/2012/02/29/la-bce-ha-prestato-529-miliardi-alle-banche/

dei paesi europei. Questo meccanismo ha permesso di evitare una crisi bancaria in Europa che avrebbe avuto conseguenze drammatiche, ma non ha contribuito molto a rilanciarne l'economia. Si è trattato di una soluzione ibrida e non una applicazione di un QE vero e proprio.

Il piano realizzato da Mario Draghi e dai tecnici della BCE per la nuova politica di QE non è ancora del tutto chiaro. *Bloomberg*, tra le più grandi agenzie di informazioni economiche al mondo, ha intervistato decine di analisti e consultato giornalisti economici europei per fare il punto[81] su cosa preveda il piano. Draghi sarebbe intenzionato a fare in modo che le varie banche centrali nazionali europee, che rispondono direttamente alla BCE, condividano il rischio legato all'operazione di acquisto facendo in modo che ogni banca si occupi del debito del proprio paese.

Stando alle informazioni circolate finora, si ipotizza che ogni banca centrale possa acquistare al massimo il 20-25 per cento del debito del suo paese, attraverso l'acquisto dei titoli posseduti dalle banche. Dall'operazione potrebbe essere esclusa la Grecia, paese in cui la crisi economica ha avuto effetti drammatici e i cui titoli non sono ancora considerati in grado di offrire garanzie sufficienti. Secondo i media tedeschi, Mario Draghi avrebbe scelto queste condizioni per tranquillizzare la Germania, il paese che ha subìto meno gli effetti della crisi e che di conseguenza è meno interessato al QE e più scettica verso l'operazione, molti suoi rappresentanti politici sono esplicitamente contrari all'operazione di acquisto. Le trattative sono ancora in corso

---

[81]http://www.bloomberg.com/news/2015-01-19/draghi-s-big-push-seen-delivering-635-billion-with-qe-this-week.html

e secondo alcuni osservatori c'è il rischio che l'intero piano per il QE sia annacquato per soddisfare le richieste del governo tedesco.

10.4.2 Costi e benefici

Anche sulla base di come sono andate le cose storicamente in altri paesi, si possono ipotizzare diversi effetti che avrebbe il *Quantitative Easing* in Europa. Grazie alla maggiore disponibilità di moneta, i tassi d'interesse che i paesi europei garantiscono per i loro titoli a chi li acquista dovrebbero diminuire per quanto riguarda le nuove emissioni, e per quelli a tasso variabile, contribuendo quindi a creare meno nuovo debito nei paesi interessati, promettendo meno interessi, i soldi da restituire alla scadenza del titolo sono inferiori. Le cose sono diverse per i debiti già contratti con i titoli emessi in passato: in questo caso facendo ripartire l'inflazione il denaro costa meno e diventa meno costoso ripagare il debito.

I governi europei potrebbero quindi permettersi di spendere più denaro, aumentando la spesa pubblica per diverse attività legate al breve termine e al medio-lungo periodo. Nel primo caso politiche per incentivare e stimolare occupazione e consumi, nel secondo investendo denaro nella costruzione di infrastrutture, dalle strade alle ferrovie passando per quelle per le telecomunicazioni, la ormai leggendaria, per l'Italia, "banda larga".

L'effetto positivo di riportare l'Europa fuori dalla deflazione facendo aumentare l'inflazione verso il 2 per cento, ritenuto il punto ottimale dalla BCE, può essere comunque rischioso al momento in cui si dovesse uscire dalla fase più acuta della crisi economica. I prezzi potrebbero iniziare a salire rapidamente e improvvisamente, con il rischio di una forte inflazione. A oggi, comunque, è opinione diffusa tra gli economisti che questo scenario non si possa verificare nel medio periodo e che non ci siano quindi particolari rischi.

Un'altra conseguenza del QE dovrebbe essere una svalutazione dell'euro. Questo significa che i beni che esportano i paesi europei costeranno di meno, cosa positiva per fare aumentare il livello delle esportazioni, ma al tempo stesso l'euro avrà un minore potere d'acquisto. Alcuni beni potrebbero costare di più, per esempio il petrolio, ora ai suoi minimi, perché il suo prezzo è in dollari e c'è quindi di mezzo il cambio con la valuta statunitense, se gli euro si svalutano, ce ne vogliono di più per cambiarli in dollari. I consumi, soprattutto nei paesi che importano molti beni, potrebbero risentirne, specialmente se all'aumento dell'inflazione non sarà corrisposto un aumento dell'occupazione.

10.4.3 Funzionerà?

Secondo i detrattori, il piano del Quantitative Easing potrebbe non avere gli effetti sperati[82] dalla BCE: sostengono che negli Stati Uniti questo sistema non ha funzionato bene, che i tassi di interesse in Europa sono già piuttosto bassi, che le banche europee con l'aria che tira continueranno a non concedere facilmente prestiti. Altri ritengono che se dovesse essere confermato il piano di condivisione del rischio, e cioè di acquisto da parte di ogni banca centrale dei titoli che riguardano il debito del suo paese, il sistema finanziario nell'area euro sarebbe ulteriormente frammentato e

---

[82]http://www.ilsole24ore.com/art/commenti-e-idee/2015-01-19/il-qe-draghi-e-lezione-che-arriva-america-073123.shtml?uuid=ABHYd6fC

disomogeneo. Il problema di fondo, dicono i più critici, è che negli Stati Uniti il QE è stato reso possibile dal fatto che la banca centrale fa riferimento a un unico stato centrale, che in Europa invece continua a non esistere. Come si sostiene ormai da anni, senza unione politica, la sola unione monetaria con l'euro non è sufficiente per garantire l'efficacia di misure su larga scala e impegnative come un alleggerimento quantitativo. In sintesi la BCE vuole attuare un piano di Quantitative Easing per comprare titoli posseduti dalle banche e di conseguenza mettere in circolazione più denaro, confidando che in questo modo: siano concessi più facilmente prestiti, che i governi europei attuino politiche espansive, più spesa, senza rimetterci troppo, portando l'Europa fuori dalla deflazione.

10.5 Curiosità: da dove provengono i "soldi" dei mutui[83]?

Da dove vengono i soldi dei mutui che la banca presta o dichiara di prestare e contabilizza come prestati?

In proposito vi sono da tempo tre teorie:

1. La teoria ufficiale, recepita dall'intenzionalmente fuorviante linguaggio del legislatore: la banca è un'*intermediaria finanziaria,* cioè presta i soldi della raccolta: tanto raccoglie, tanto può prestare. Da un lato riceve depositi e dall'altro lato li presta, applicando una forbice di interessi, guadagnando su questa e sulle commissioni; quindi, se presta 100, in bilancio deve registrare un calo di cassa di 100 e un

---

[83] Estratto da http://marcodellaluna.info/sito/2015/07/26/i-mutui-bancari-sono-una-truffa-come-difendersi/

incremento di 100 dei crediti. Ovviamente, ogni mancato rimborso dei prestiti concessi è una pari perdita. La quantità di liquidità, il *money supply*, è generata interamente dalla banca centrale di emissione e non dipende dalla quantità di credito erogato dalle banche. Questa la teoria per il popolo, i mass media e i benpensanti.

2. La teoria per gli "istruiti", insegnata all'università, è quella della *riserva frazionale*: la singola banca può prestare un multiplo delle sue riserve, cioè può creare moneta creditizia o scritturale o contabile per un multiplo delle sue riserve, diciamo dieci volte, emettendo bonifici, lettere di credito, assegni etc. E siccome questi mezzi di pagamento possono essere depositati in altre banche, andando così ad aumentare le altrui riserve, essi mettono queste altre banche in condizioni di emettere ulteriore moneta contabile. L'effetto complessivo è di una moltiplicazione reciproca da parte del sistema bancario, in virtù della quale, se la banca centrale opera un incremento iniziale di 1.000 di moneta legale, con un moltiplicatore di 10 abbiamo un aumento di liquidità totale, nel sistema, di 9.900. La banca, quindi, non è un semplice intermediario finanziario e l'uso di questa definizione, anche da parte dei testi di legge, è ingannevole. L'attività creditizia delle banche, comportando la creazione di mezzi monetari privati accettati anche dal settore pubblico, con l'assegno circolare della banca voi potete pagare le tasse o il prezzo di un terreno all'asta del tribunale, è in contrasto con la legge, come già spiegato. In ogni caso, poiché la banca, secondo questa teoria, intacca frazionalmente le sue riserve per erogare il prestito, necessariamente ad ogni erogazione le sue riserve in bilancio devono ridursi in proporzione al rapporto frazionario.

3. La terza teoria è che *la banca – ogni banca, individualmente – crei direttamente i mezzi monetari che presta,* senza dipendere dalla raccolta né dalla moneta primaria della banca centrale, semplicemente alla stipula di un contratto di "mutuo" de quo: aprendo un conto di disponibilità intestato al cliente e scrivendoci sopra l'importo che intende prestare, senza attingere dalla cassa e senza usare o intaccare le riserve. Quindi crea moneta creditizia al 100% ex nihilo e la presta. O più esattamente la crea con l'atto del metterla a disposizione o prestarla. Il prestato (il messo a disposizione) non preesiste al prestare (al mettere a disposizione): *it is lent into existence.* L'incompatibilità col Tub e con Maastricht è totale. Questa capacità di creare mezzi monetari è la vera peculiarità della banca, conferita di fatto,anche se non di diritto, dalle istituzioni che stanno al gioco dei banchieri disapplicando la legge, e che rende il prestare della banca qualitativamente diverso dal prestare di qualsiasi altro soggetto, perché qualsiasi altro soggetto presta solo denaro che si è procurato in precedenza in cambio di qualcosa (legale lavoro oppure illegale con una rapina, un furto, una frode…); sicché, se non recupera quanto ha prestato, soffre una perdita vera e propria; mentre la banca no, quindi può sopportare molto bene le perdite sui crediti e non avrebbe bisogno di scaricarle sul trattamento salariale dei dipendenti o sui livelli occupazionali, né sui depositi dei clienti (bail in). Le leggi che stanno introducendo il bail-in sono quindi del tutto ingiustificate sul piano economico come su quello giuridico, veri atti criminali della politica verso i cittadini e a beneficio dei banchieri truffatori.

Orbene, che le cose stiano come spiega questa terza teoria, è stato dimostrato scientificamente dal prof. Richard Werner dell'Università di Southampton mediante un esperimento, che è stato filmato da una troupe televisiva. Su International Review of Financial Analysis – 36 (2014), Werner ha pubblicato un *paper* su questo esperimento, col titolo *Can banks individually create money out of nothing? – The theories and the empirical evidence*[84].

L'esperimento è stato molto semplice: previo accordo con un'altra Raiffasenbank, la Raiffeisenbank Wildenberg, una banca cooperativa della Bassa Baviera inserita in una rete di molte banche cooperative, servite da un unico sistema contabile elettronico, il 07/08/13 Werner personalmente si fece erogare un mutuo di 200.000 Euro. Egli si fece stampare il bilancio (*balance sheet*, situazione contabile) della banca prima ed il giorno dopo l'erogazione per confrontare il suo stato prima e dopo l'erogazione del mutuo. Dal confronto tra le due situazioni, risultò che la banca aveva aumentato i propri crediti di 200.000, mentre non vi era stata alcuna variazione in meno vuoi delle riserve, vuoi di alcun altro conto o fondo.

Quindi la banca aveva effettivamente aumentato il proprio attivo patrimoniale a costo zero proprio con l'atto del prestare. In effetti, aveva creato un conto di disponibilità in favore del mutuatario Werner e vi aveva digitato dentro un importo, accreditandosi al contempo la medesima somma. Sarebbe interessante controllare se, quando il prestito viene rimborsato, le varie banche cancellino o non cancellino questa posta attiva.

---

[84]http://www.sciencedirect.com/science/article/pii/S1057521914001070

La scritturazione contabile operata nell'erogazione da parte dei funzionari della banca registra:

Account overview				
EUR	Credit	Liabilities	Balance	No. contract
Current accountLoan	200,000	200,000	200,000 - 200,000	11
Bank sum total	200,000	200,000	0,00	2

Cioè i mezzi monetari, l'oggetto del prestito, sono creati semplicemente registrando ex nihilo un debito contro un credito, con un'operazione contabile esclusiva e peculiare delle banche, che nessun altro operatore economico potrebbe compiere. Ma, osserva questa difesa, a quanto ammontano i mezzi monetari così creati? A 200.000, cioè la "somma" prestata, o a 400.000, ossia la somma prestata al cliente più il credito che la banca ha registrato a proprio avere? Se questo credito è in qualche modo utilizzabile dalla banca come se fosse moneta, allora la creazione monetaria totale nel prestito di 200.000 è di 400.000.

Questo esperimento, il quale ha ulteriori aspetti e corollari, che per brevità qui si tralasciano, conferma la terza teoria, quella della creazione ex nihilo, confutando le altre due, cioè quella della banca come intermediaria finanziaria, e quella della riserva frazionaria, dato che ambedue ritengono che un prestito possa essere erogato soltanto usando denaro preesistente. D'altronde, già la Fed e la Bank of England, recentemente, avevano pubblicato dei *papers*[85] da cui appare che il grosso, circa il 97% della liquidità (M1), consiste in denaro bancario privato (contabile, scritturale, creditizio), e solo il resto in *legal tender*, ossia moneta legale creata dalle banche centrali di emissione: euro-note. Molti l'avevano capito in occasione della crisi finanziaria del 2008, in quanto si spiegava che la causa del *liquidity crunch*, restrizione della liquidità, era… il *credit crunch*, restrizione del credito bancario. Quindi il *money supply* è creato dal prestito bancario e, dopotutto, Werner ha confermato, col suo esperimento, ciò che già si sapeva e vedeva. I tempi erano maturi… per dirlo.

Del resto, il funzionamento e la stessa esistenza di Target2, la piattaforma per pagamenti interbancari nell'Eurozona, e non solo, dimostrano che il denaro sui conti correnti bancari, anche se denominato "euro", non è l'euro, e non è creato dalla BCE ma dalle banche dei singoli paesi aderenti. Quindi è *pseudo-denaro*, non è moneta legale. Infatti, l'euro vero disponibile al privato, ossia la banconota e il conio, è egualmente spendibile e accreditabile sui conti correnti direttamente, senza cioè passare per le banche centrali, in qualsiasi paese dell'Eurozona. Il che dimostra in modo diretto e compiuto, che gli "euro" segnati sui conti correnti italiani non sono veri euro (la valuta legale), non sono emessi dalla BCE, sono diversi anche dagli "euro" segnati sui conti correnti tedeschi (greci, spagnoli, finlandesi…), e non sono l'Euro, la valuta legale del SEBC, di Maastricht, l'unica ammessa e lecita, e che infatti può essere direttamente spesa o depositata in banca in qualsiasi

---

[85] http://marcodellaluna.info/sito/#sdfootnote3sym

paese dell'Eurozona. Sono una moneta privata, creata internamente a ciascun sistema bancario nazionale, e diversa per ogni sistema bancario (cioè per ogni paese). In Italia, sono la moneta dell'ABI. Inoltre, sono titoli di debito-credito (a differenza della moneta legale, che non ha tale valenza, quindi sono onto-giuridicamente altro da essa). Qualcuno potrebbe affermare che contabilizzarli al medesimo modo e con la medesima denominazione dell'Euro vero, è scorretto, ingannevole, illecito ed una frode perchè siamo di fronte ad un'elusione del Trattato di Maastricht.

Dal punto di vista del bilancio, dei ricavi e dell'imponibile, le conseguenze sono facilmente immaginabili: l'importo prestato comporta automaticamente un ricavo di pari importo, quindi, se il bilancio un domani verrà fatto fedelmente, risulteranno maggiori gli utili e maggiore il reddito. E' significativo che le tre teorie siano esistite fianco a fianco per molti decenni senza mai essere verificate sperimentalmente per accertare quale fosse quella vera. Evidentemente, è un tema molto delicato, sul quale si è preferito mantenere l'oscurità e la disinformazione, indispensabili per poter continuare a parlare, anche da parte del legislatore, delle banche come "intermediarie finanziarie" senza che la gente anche solo un poco esperta del settore si accorga dalla inattendibilità di questa definizione, del contrasto tra le leggi in materia bancaria e ciò che le banche realmente fanno, e degli erronei presupposti tecnici degli interventi sulle crisi bancarie, i cui costi sono stati, nel mondo, scaricati principalmente sui conti pubblici (quindi sui contribuenti) e sui risparmiatori (bail-in), con effetti molto negativi sull'economia reale.

Sulle premesse sopra esposte, qualche avvocato afferma che potremmo agire contro le banche contestando l'inesistenza, nullità, simulazione, inesecuzione etc. in generale dei supposti contratti di sconto, anticipazione, mutuo, ai sensi degli artt. 1813, 1814, 1823, 1846, 1858 CC. Qualche Tribunale ha ammesso, in ordine a questa prassi, trattarsi di pagamenti in moneta diversa da quella legale, ma non ha considerato che, se la banca dispone di moneta diversa da quella legale, bisogna che essa la crei e questa attività non le è consentita. Se la crea, la crea a costo zero o quasi, anzi la crea nell'atto di erogarla, quindi non sopporta un'uscita patrimoniale dal proprio patrimonio, sicché l'erogazione del prestito è un ricavo netto, un utile, che va dichiarato e tassato.

Ai nostri fini, la realtà giuridico-finanziaria sopra spiegata e dimostrata dovrebbe avere, secondo qualche avvocato, quattro primarie implicazioni:

1)L'attività di prestito delle banche è illecita perché la legge bancaria e quella internazionale non la consentono; quindi tutti i contratti lato *sensu* di prestito, compreso quello in esame, sono illeciti e nulli;

2)La banca non eroga, con l'atto del prestare, moneta legale, ma promesse di moneta legale – tali essendo bonifici, assegni circolari, promissori notes (promesse, tra l'altro, scoperte di riserve di moneta legale), tuttavia pretende, su queste promesse (scoperte), un pagamento di interessi in denaro sudato, ossia che il cliente deve sudare per procurarselo; e così pure un rimborso in denaro sudato; il che viola l'art. 1813 cc, che presuppone, ai fini dell'esistenza del mutuo, che sia consegnato denaro, e non promessa di esso; e che non consente la pretesa di interessi e rimborso in denaro su un qualcosa e di un qualcosa che non è stato erogato in denaro. Queste promesse di pagamento sono mutuamente accettate dalle banche del circuito nazionale ed entro di esso, le quali mutuamente ricevono e accreditano le promesse emesse sui propri conti correnti, trattandole contabilmente come se fossero moneta legale, accettandole come mezzo di pagamento, e creando con ciò un sistema monetario privato e interno al proprio circuito nazionale di appartenenza, e, al contempo, l'apparenza ingannevole che tale sistema e la sua valuta interna sia il sistema dell'Euro legale.

3) Inoltre, poiché la banca pretende interessi e rimborso su non-denaro, ma promessa di denaro, e poiché il tasso di interesse si calcola dividendo l'ammontare degli interessi nell'anno per il capitale, si ha che, qualunque sia questo ammontare, essendo il capitale monetario prestato zero, il tasso di interesse è sempre infinito, essendo che ogni numero diviso per zero dà infinito. Dunque il tasso è usurario e nessun interesse è dovuto, ex art. 1815 CC.

4) Infine, oltre alle predette norme di legge ordinarie, la su descritta prassi viola una serie di norme costituzionali, che non si potranno ignorare.

Innanzitutto, l'art. 3 Cost., perché la banca genera un *quid* a costo zero per se stessa e pretende un rimborso e un pagamento di interessi in un qualcosa di diverso da quel quid, dato che il cliente prestatario non è in grado di generare quel *quid* (promessa di pagamento di moneta che fa le veci della moneta). Ma vi è ben altro.

Dal 1975 ad oggi la suddivisione dei redditi tra lavoro e capitale ha visto il capitale in grande rimonta e i lavoratori in grande arretramento, fino ai livelli del 1960. Ma che cosa è, questo capitale? Che costo di produzione ha, che valore intrinseco? Nessuno. Come brillantemente esposto al parlamento di Westminster il 20 novembre 2014 dal deputato conservatore Steve Baker in un memorabile dibattito, il capitale finanziario altro non è che denaro scritturale *lent into existence*, cioè generato a costo zero, ma fruttante interesse, dalle banche con l'atto stesso di erogare i prestiti creando un pari accredito a se stesse, che possono spendere come denaro legale (cioè, col prestare 100 la banca crea 100 di prestato e 100 come proprio ricavo).

Quindi, da un lato il dato che i possessori-creatori di capitali tolgono crescenti quote di reddito ai lavoratori si spiega col fatto che essi continuano a creare per se stessi capitale a costo zero prestandolo a interesse agli altri, ai lavoratori (di tutte le sorte), sottraendo loro reddito in forma di interessi passivi; mentre, dall'altro lato, questa continua creazione di denaro, di capitale, dà conto del continuo crescere dell'indebitamento generale e crea il crescente bisogno, per questo sistema capitalistico finanziario, di destinare tutte le risorse economiche e fiscali, compresi i redditi e i risparmi privati e la spesa pubblica, quindi le tasse, a sostenere il pagamento degli interessi sui debiti, perché, se si interrompe, tutto il castello del capitalismo finanziario crolla in un *financial meltdown*. Col denaro generato come sopra, e con quello donato o quasi-donato loro dalle banche centrali (quantitative easing ed omologhi europei), cioè con denaro creato senza rapporto con la creazione di beni reali, i banchieri (direttamente o indirettamente) investono in titoli finanziari e in immobili (solo il 16% circa del denaro addizionale va ad impieghi produttivi – ecco perché siffatti interventi, come anche il QE, giovano poco l'economia reale, dall'America all'Europa al Giappone), gonfiando le famigerate bolle, che sono destinate a scoppiare perché sono bolle di valori creati sulla carta, senza corrispettivo valore reale; e i loro scoppi travolgono le banche, lasciando agli Stati di salvarle coi soldi dei contribuenti (bail-out). Ecco inoltre spiegato perché, nell'ultimo ventennio, i redditi da lavoro non sono aumentati in termini reali, mentre la produttività è aumentata di molto grazie alla tecnologia: i maggiori utili sono andati al capitale. Insomma, la creazione e regolazione della moneta non è affatto neutrale rispetto all'andamento economico e sociale, come invece insegna il gotha degli economisti di palazzo.

Faccio qui notare che questo sistema socio-economico, con la normativa che lo sostiene, è direttamente incompatibile con l'art. 1 della Costituzione italiana ("L'Italia è una repubblica democratica fondata sul lavoro") nonché con gli artt. 3 (principio di eguaglianza e della rimozione delle diseguaglianze: qui lo Stato è usato per fare proprio l'opposto, per ampliare le diseguaglianze di classe), 35 e 36 (tutela del lavoro, dignitosa retribuzione), 41 (divieto di pratiche imprenditoriali contrarie al bene collettivo), 47 (tutela del risparmio), perché in esso il non-lavoro, la rendita parassitaria, il privilegio di creare moneta gratis, ha il diritto di togliere sistematicamente il reddito ai lavoratori e i risparmi ai risparmiatori. Un'ampia e cogente argomentazione giuridica di quanto sopra è fornita dal giudice Luciano Barra Caracciolo, presidente di sezione del Consiglio di Stato, nel suo saggio del 2013, *Euro e (o) democrazia costituzionale* (Dike 2013), spiegando concretamente -tra le altre cose – come la Costituzione italiana non è neutra rispetto al sistema economico-finanziario, perché i suoi principi di base prescrivono un'impostazione economico-finanziaria molto chiara, opposta a quella in via di attuazione oggi. Si può affermare che la Costituzione del 1948 è stata concepita proprio per prevenire che avvenisse la vittoria del capitale sul lavoro.

Ricordando l'affermazione di *Maurice Allais*[86], *fisico ed economista francese*, premio Nobel per l'economia nel 1988: *"L'attuale creazione di denaro dal nulla operata dal sistema bancario è identica alla creazione di moneta da parte di falsari. La sola differenza è che sono diversi coloro che ne traggono profitto"*

---

[86] https://it.wikipedia.org/wiki/Maurice_Allais

Capitolo 11: ABF - Arbitrato Bancario Finanziario[87]

11.1 Arbitro bancario finanziario

L'arbitro **Bancario Finanziario**, noto anche come *ABF*, è un sistema di risoluzione stragiudiziale di controversie previsto dalla legge italiana.

È stato introdotto dalla legge 28 dicembre 2005, n. 262 (c.d. legge sul risparmi) che ha modificato il Testo unico bancario[88]. I clienti di banche e intermediari finanziari si possono rivolgere ad esso in caso di controversie con un reclamo. L'Arbitro è un organismo indipendente e imparziale che opera attraverso tre Collegi giudicanti (a Milano, Roma e Napoli) composti ognuno da 5 membri: tre nominati dalla Banca d'Italia[89]; uno dall'associazione di categoria dei consumatori e dell'imprese; e uno dall'associazione bancaria o dalla categoria alla quale l'intermediario finanziario appartiene.

L'Arbitro è al centro di un nuovo ambito della vigilanza coincidente con una dinamica relazionale che - a partire dagli anni duemila - ha sostituito i rapporti di massa ancorati a poche tipologie di servizi e di prodotti.

---

[87] https://it.wikipedia.org/wiki/Arbitro_bancario_finanziario

[88] https://it.wikipedia.org/wiki/Testo_unico_bancario

[89] https://it.wikipedia.org/wiki/Banca_d%27Italia

11.2   Origine dell'ABF

L'Arbitro Bancario Finanziario è previsto dall'articolo 128-bis del Testo unico bancario (TUB)[90], introdotto dalla legge sul risparmio n. 262 del 2005. Il Comitato Interministeriale per il Credito e il Risparmio (CICR)[91] ha stabilito i criteri guida e ha affidato alla Banca d'Italia il compito di curarne l'organizzazione e il funzionamento. La Banca d'Italia ha adottato il 18 giugno 2009 le disposizioni di attuazione della Delibera del CICR.

11.3   Struttura

L'Arbitro Bancario Finanziario è composto da un Organo decidente e da una Segreteria tecnica. L'Organo decidente è articolato sul territorio nazionale in tre Collegi: uno a Milano, uno a Roma e uno a Napoli. L'Organo decidente in ogni collegio è composto da cinque membri[92]:

- il Presidente e due membri scelti dalla Banca d'Italia
- un membro designato dalle associazioni degli intermediari
- un membro designato dalle associazioni che rappresentano i clienti (imprese o consumatori, a seconda della natura del cliente).

---

[90] https://it.wikipedia.org/wiki/Testo_unico_bancario

[91] https://it.wikipedia.org/wiki/Comitato_Interministeriale_per_il_Credito_e_il_Risparmio

[92] Quattro membri dell'organo decidente sono designate dal mondo delle banche PRIVATE...

Tutti i componenti devono possedere requisiti di esperienza, professionalità, integrità e indipendenza. Ogni Collegio ha la sua Segreteria tecnica, gestita dalla Banca d'Italia.

11.4 Procedura per il ricorso

Prima di rivolgersi all'Arbitro, il cliente deve aver fatto almeno un tentativo di risolvere il problema direttamente con la banca attraverso la presentazione di un reclamo. L'Arbitro se dà ragione al cliente ordina all'intermediario di risolvere rapidamente il problema.

In caso in cui l'intermediario non rispetti la decisione dell'Arbitro, quest'ultimo pubblica il contenuto della decisione con un annuncio sulla stampa e sul sito web dell'Arbitro, permettendo ai cittadini e ai clienti di conoscere il nominativo della banca o dell'intermediario inadempiente.

Nonostante i numerosi casi trattati in questi primi anni di esistenza, pochissime banche non hanno aderito alle decisioni dell'Arbitro.

11.5 ABF e supervisione bancaria

Gli indirizzi della ricerca più recenti hanno analizzato una tendenza riscontrabile nel processo evolutivo della regolazione dell'Arbitro Bancario Finanziario, orientata verso l'attivazione di presidi volti ad assicurare ambiti di garanzia sempre più ampi, anche se ovviamente diversi da quelli che qualificano lo svolgimento dell'attività giurisdizionale. Riscontrando una minima relazione tra ciò che è accaduto prima (per esempio la massa di controversie generata dal default di singoli emittenti: Worldcom, Argentina, Parmalat, Cirio …) e ciò che accade dopo (per esempio la crisi innescata dai mutui subprime), si sono evidenziate linee di sviluppo del nostro ordinamento sintetizzate in un comune riferimento, ciò, anche al fine di chiarire la natura dell'attività complessivamente condotta dall'ABF e dalla sua segreteria.

Sul punto rilevano talune indicazioni di alcuni esponenti della stessa Banca d'Italia - (cfr. Perassi, 2011 e De Carolis, 2011) - nelle quali l'inquadramento della funzione dell'ABF all'interno del complesso interventistico che caratterizza la supervisione bancaria viene correlato alla identificazione di una lettura più aggiornata del ruolo della vigilanza, estesa - com'è noto - dall'accordo di Basilea II sino alla prevenzione dei rischi legali collegati a contenziosi di massa o seriali (cfr. Lemma, 2011). Donde l'affermazione di una ipotesi che riconduce della gestione dell'Arbitro a compiti di vigilanza prudenziale.

Resta, tuttavia, ancora da chiarire se l'ABF - inteso quale meccanismo di *enforcement* - sia solo un operatore collaterale della vigilanza e, quindi, di «funzionalizzazione dell'attività svolta dal medesimo a scopi altri e diversi da quelli direttamente ricollegabili alle finalità di giustizia» (cfr. Capriglione 2010) ovvero se possa essere considerato alla stregua di uno strumento di primario rilievo nel quadro dei mezzi a disposizione della nostra banca centrale, in vista del corretto esercizio delle sue funzioni istituzionali (cfr. Lemma, 2011).

11.6   Il significato di anatocismo per l'ABF

La parola anatocismo fa riferimento al calcolo degli interessi non solo sul capitale, ma anche sugli interessi già scaduti. Nell'ipotesi di anatocismo gli interessi scaduti vengono sommati al capitale e producono a loro volta interessi, determinando una maggiore crescita del debito.

Il Codice civile (art. 1283) dispone in generale per le obbligazioni pecuniarie che, in mancanza di usi normativi contrari, gli interessi scaduti non producono a loro volta interessi se non dal giorno della domanda giudiziale o per effetto di convenzione posteriore alla loro scadenza, e sempre che si tratti di interessi dovuti almeno per sei mesi.

Nei contratti bancari (secondo la versione previgente dell'art. 120, comma 2, TUB) la produzione degli interessi sugli interessi era ammessa nei casi e secondo le modalità disciplinate dalla delibera CICR del 9 febbraio 2000 e purché fosse prevista la stessa periodicità nella capitalizzazione degli interessi derivanti sia dalle operazioni a debito, sia da quelle a credito.

Con la legge 27 dicembre 2013, n. 147, è stato riformulato l'art. 120, comma 2, TUB. Ai sensi del nuovo testo della norma "il CICR stabilisce modalità e criteri per la produzione di interessi nelle operazioni poste in essere nell'esercizio dell'attività bancaria, prevedendo in ogni caso che: (a) nelle operazioni in conto corrente sia assicurata, nei confronti della clientela, la stessa periodicità nel conteggio degli interessi sia debitori sia creditori; (b) gli interessi periodicamente capitalizzati non possano produrre interessi ulteriori che, nelle successive operazioni di capitalizzazione, sono calcolati esclusivamente sulla sorte capitale".

In proposito l'Arbitro ha confermato il proprio orientamento sulle operazioni di finanziamento con piano di ammortamento "alla francese", articolato nel pagamento di rate (periodiche) di importo costante, composte ciascuna di una quota capitale, progressivamente crescente, e di una quota interessi, progressivamente decrescente.

Tale modalità di rimborso è compatibile con le prescrizioni in tema di anatocismo quando gli interessi computati mensilmente sono calcolati sul solo capitale residuo del mutuo e non anche sulla quota interessi.

In ogni caso l'intermediario deve rispettare, anche con riferimento alla previsione di interessi anatocistici, gli obblighi di trasparenza e informativi, in modo da porre effettivamente il cliente nella condizione di valutare, al momento della conclusione del contratto, l'ammontare degli interessi da pagare.

11.7   ABF e casi di anatocismo in Italia

In questi anni si sono susseguiti diversi casi di intervento dell'ABF in merito al problema dell'anatocismo e di anno in anno il numero di richieste di arbitrato aumentano. Di seguito riportiamo alcuni collegamenti internet a cui il lettore può fare riferimento per informarsi sulle modalità di giudizio espresso e sulle varie tipologie di controversie che si sono venute a creare tra clienti ed intermediari finanziari.

1.   http://www.arbitrobancariofinanziario.it/decisioni/categorie/Conto%2520corrente%2520bancario%2520e%2520postale/Anatocismo/Dec-20110518-1043.pdf

2.   https://www.arbitrobancariofinanziario.it/decisioni/categorie/Mutuo/Anatocismo/Dec-20121024-3451.pdf

3.   https://www.arbitrobancariofinanziario.it/decisioni/categorie/Mutuo/Anatocismo/Dec-20121105-3610.pdf

4.   https://www.arbitrobancariofinanziario.it/decisioni/categorie/Mutuo/Anatocismo/Dec-20121105-3609.pdf

5.   https://www.arbitrobancariofinanziario.it/decisioni/categorie/Mutuo/Anatocismo/Dec-20130130-595.pdf

6.   https://www.arbitrobancariofinanziario.it/decisioni/categorie/Mutuo/Anatocismo/Dec-20140630-4115.PDF

7.   https://www.arbitrobancariofinanziario.it/decisioni/categorie/Mutuo/Anatocismo/Dec-20141014-6703.PDF

8.   https://www.arbitrobancariofinanziario.it/decisioni/categorie/Mutuo/Anatocismo/Dec-20150225-1352.PDF

9. https://www.arbitrobancariofinanziario.it/decisioni/categorie/Mutuo/Anatocismo/Dec-20150603-4456.PDF

10. https://www.arbitrobancariofinanziario.it/decisioni/categorie/Credito%2520al%2520consumo/Costo%2520totale%2520del%2520credito%2520a%2520carico%2520del%2520consumatore%2520TAEG/Dec-20140619-3853.PDF

11. http://www.ilcaso.it/giurisprudenza/archivio/5054.pdf

12. http://www.studiomontefusco.net/contenzioso_bancario_focus.asp?focusID=24

13. http://www.dirittobancario.it/sites/default/files/allegati/Materiale_dicembre_20041038357.pdf

14. http://www.repubblica.it/2008/11/sezioni/economia/investim/mutui-anatocismo/mutui-anatocismo.html

Dall'analisi e dallo studio dei giudizi espressi nei vari casi riportati quello che è stato più lungamente discusso è relativo al calcolo degli interessi sulle rate che nei giudizi dell'arbitrato vengono definiti come eseguiti "nel regime dell'interesse semplice" sebbene come abbiamo dimostrato lungamente nei capitoli precedenti questo non è vero. Nei giudizi viene anche affermato che "l'anatocismo non esiste, ma è solo la rata che vede crescere le quote capitali e decrescere le quote di interesse", senza considerare, come abbiamo dimostrato matematicamente, che la modalità di calcolo della rata sottostà alla legge di scindibilità e per la legge di scindibilità gli interessi sono sommati al capitale e capitalizzati nel futuro anche perché le quote capitali, che sono una progressione geometrica, sono legate da interesse composto tra di loro.

Un'altra informazione che vogliamo porre all'evidenza del lettore è che nel determinare l'importo degli interessi anatocistici in presenza di piani di ammortamento alla francese con rata fissa e tasso fisso, l'orientamento dell'arbitrato non è quello di confrontare la rata fissa a parità di tasso fisso in regime di interesse semplice a quote capitali fisse senza anatocismo, ma di utilizzare un ammortamento a rata costante nel regime di interesse semplice.

In ultima analisi, nel caso di controversia per mutuo a tasso variabile con rata fissa è opportuno confrontarlo con un PDA a rata costante nel regime di interesse semplice con tasso variabile.

Quello su cui ci si può focalizzare in fase di difesa di un cliente è l'incongruenza tra il tasso dichiarato rispetto a quello applicato.

Il caso più complesso è rappresentato da quei contratti di mutuo in cui il tasso di interesse e l'importo della rata sono variabili. Tale tipo di mutuo

appare in contrasto sia con l'art. 1283 che con l'art. 1284 del c.c. La variabilità del tasso di interesse dà origine ad una condizione di indeterminatezza degli interessi e quindi dell'obbligazione. Sebbene il problema potrebbe essere risolto alla luce della disciplina generale dei contratti. Prevedere un tasso di interesse variabile rende comunque l'oggetto determinabile. La prestazione non è determinata ma è determinabile. Il debitore si ritrova in una situazione aleatoria normale poiché connessa a criteri oggettivi per cui la prestazione risulta determinabile e il rischio ragionevolmente prevedibile in ogni momento. E' alquanto improbabile che si verifichi un avvenimento straordinario e imprevedibile per cui la variabilità sia tale da stravolgere la prestazione. Certo è che il codice civile parla di tasso di interesse superiore al legale determinato e non determinabile.

Per tasso variabile si intende il tasso ancora all'andamento di un parametro predefinito.

I mutui che prevedono contrattualmente un periodo in cui la rata corrisposta dal cliente è calcolata in base a un tasso fisso e un periodo nel quale la rata è determinata utilizzando un tasso variabile (cd. mutui a tasso misto) sono segnalati tra i mutui a tasso variabile. Tuttavia, ove il contratto preveda che le rate siano calcolate in base a un tasso fisso per un periodo pari o superiore a tre anni e in base a un tasso variabile per il restante periodo, la segnalazione va effettuata imputando l'operazione nella categoria a tasso fisso. I mutui che prevedono contrattualmente che ciascuna rata corrisposta dal cliente sia calcolata in base a un tasso fisso per una certa percentuale di importo e in base ad un tasso variabile per la restante percentuale (c.d. mutui bilanciati) sono segnalati tra i mutui a tasso variabile se la percentuale di importo su cui si calcola il tasso variabile è uguale o superiore al 30%, negli altri casi sono segnalati tra i mutui a tasso fisso.

I mutui che prevedono l'esercizio di un'opzione sul tasso applicato sono segnalati nella categoria relativa alla tipologia di tasso previsto per la prima rata di rimborso.

Vogliamo di seguito segnalare l'ultima guida sui mutui della Banca d'Italia :

https://www.bancaditalia.it/pubblicazioni/guide-bi/guida-mutuo/GuidaMutuo_WEB.pdf

11.8 Fondo di solidarietà dei mutui per l'acquisto della prima casa[93]

Il 27 aprile 2013 è stata avviata l'operatività del Fondo di solidarietà dei mutui per l'acquisto della prima casa (di cui all'art. 2 comma 475 e successivi della legge n. 244 del 2007).

Il Fondo consente ai mutuatari di presentare alla banca che ha erogato il mutuo per l'acquisto dell'abitazione principale, di richiedere la sospensione del pagamento dell'intera rata fino ad un massimo di due volte, per complessivi 18 mesi, al verificarsi dei seguenti eventi occorsi nei 3 anni precedenti alla presentazione della richiesta di sospensione:

a) perdita del posto di lavoro a tempo determinato o indeterminato o dei rapporti lavorativi di cui all'art. 409 del cpc;

b) morte;

c) handicap grave o condizione di non autosufficienza.

I principali requisiti per l'accesso sono, tra gli altri, un reddito Isee non superiore a 30.000 euro e l'importo di mutuo non superiore a 250.000 euro per l'acquisto di un'immobile non di lusso adibito ad abitazione principale.

11.8.1 Accordo tra ABI e Associazioni dei consumatori del 31 marzo 2015

Il 31 marzo 2015, ABI e 10 associazioni dei consumatori, anche tenuto conto di quanto previsto dalla Legge di

---

[93]https://www.abi.it/Pagine/Mercati/Crediti/Crediti-alle-persone/Mutui/Sospensione-delle-rate-del-mutuo.aspx

stabilità 2015, hanno siglato un accordo per la sospensione della sola quota di capitale del credito alle famiglie.

L'elenco delle banche e degli intermediari finanziari è disponibile al seguente indirizzo:

https://www.abi.it/DOC_Mercati/Crediti/Crediti-alle-persone/Mutui/Sospensione-delle-rate/Banche-aderenti/Banche_aderenti_Accordo_sospensione_quota_capitale_fami glie.pdf

In particolare, entro il 31 dicembre 2017 possono richiedere la sospensione per 12 mesi del pagamento della quota capitale dei finanziamenti al consumo di durata superiore a 24 mesi, i consumatori che si trovino in difficoltà al verificarsi dei seguenti eventi occorsi nei 2 anni precedenti alla presentazione della richiesta di sospensione:

a)perdita del posto di lavoro a tempo determinato o indeterminato o dei rapporti lavorativi di cui all'art. 409 del cpc;

b)morte;

c)handicap grave o condizione di non autosufficienza;

d)sospensione o riduzione dell'orario di lavoro per un periodo di almeno 30 giorni anche in attesa dell'emanazione di provvedimenti di autorizzazione dei trattamenti di sostegno del reddito (ad es. Cig, Cigs, i cosiddetti ammortizzatori sociali in deroga etc.).

Possono richiedere la sospensione per 12 mesi del pagamento della quota capitale anche i mutuatari titolari dei mutui garantiti da ipoteche su immobili adibiti ad abitazione principale, nei soli casi di cui alla predetta lettera d).

11.9 La direttiva europea sui mutui e la politica italiana[94]

La DIRETTIVA 2014/17/UE[95] del Parlamento Europeo e del Consiglio del 4 febbraio 2014 si interessa ai contratti di credito ai consumatori relativi a beni immobili residenziali e reca le modifiche alle direttive 2008/48/CE e 2013/36/UE ed al regolamento (UE) n. 1093/2010.

L'Italia deve recepire le direttive UE ed in questi primi giorni di marzo 2016 in parlamento si è visto qualcosa di incredibile, si vorrebbe approvare un decreto in cui c'è scritto che le banche potranno entrare direttamente in possesso della casa ipotecata da un mutuatario dopo il mancato pagamento di 18 rate di mutuo, anche non consecutive, senza passare per i Tribunali. Questa facoltà, da inserire nel contratto tra istituti e clienti, è fortunatamente una clausola che non potrà essere retroattiva. Questa clausola serve per espropriare rapidamente l'immobile e per venderlo in tempi rapidi, incassando il corrispettivo della vendita, fatto salvo l'obbligo di distribuire

---

[94] Estratto dal sito online del quotidiano Repubblica.it http://www.repubblica.it/economia/2016/03/03/news/mutui_esproprio_case _proposte_pd-134699497/

[95]http://eur-lex.europa.eu/legal-content/IT/TXT/?uri= CELEX%3A32014L0017

gli incassi extra (rispetto all'ammontare del debito) ai mutuatari stessi.

Una eventualità, quest'ultima della distribuzione degli incassi extra, che avrebbe potuto estendersi ai mutui già stipulati. La protesta delle opposizioni e dei consumatori è stata veemente. Fortunatamente, la nuova normativa sull'inadempimento sembra non si voglia applicare ai casi di surroga. Si precisa che la clausola sulla possibilità di cedere la casa alla banca per estinguere il debito è facoltativa e la banca non può obbligare il cittadino a sottoscriverla, anche se sul punto i dubbi rimangono sulla reale parità tra le due parti (banca e consumatore) al momento della richiesta di un finanziamento. Il trasferimento del bene immobile alla banca, a seguito dell'inadempimento, comporta l'estinzione del debito anche se il valore dell'immobile è inferiore a quello del debito residuo.

Sebbene la direttiva europea da recepire non chiedeva di legiferare così come è emerso, si adduce la scusa che in questo modo si evitano le procedure giudiziarie, con i conseguenti risparmi di spesa per il cittadino evitando il deprezzamento del bene immobile.

Resta il dubbio su cosa succeda nei contenziosi in caso di dichiarazione di inadempienza non condivisa dalle parti o inadempienza con presenza di minori. I problemi maggiori con questo tipo di clausole si potranno avere con i liberi professionisti, ingegneri, architetti o commercialisti o con artigiani che hanno improvvisamente problemi di lavoro. La valutazione della casa, successivamente all'inadempimento, deve essere effettuata da un perito indipendente nominato dal tribunale e non più dalle parti, mentre il consumatore deve essere assistito da un esperto di sua fiducia. A Bankitalia il compito di vigilare su tutta la procedura.

Intanto è salito l'allarme per il quale la norma rischia di scatenare una emergenza abitativa nei Comuni di tutta Italia, lasciando migliaia di cittadini senza alloggio.

Capitolo 12: Risposte anticipate alle critiche e conclusioni

12.1   Risposte anticipate alle critiche

Saremo fortemente criticati per questo libro, ci diranno che la nostra storia è inventata, che non siamo scrittori, che non sappiamo scrivere e che le formule svelate erano formule già conosciute.

In realtà, è evidente che non è fondamentale se siamo o meno scrittori di fama, l'importante è che siamo persone serie che lavorano, l'importante è che abbiamo dimostrato delle verità oggettive fino ad oggi ritenute impossibili, utilizzando la matematica, perché la matematica è oggettiva.

Se le formule erano conosciute, allora non erano comprese e chi doveva aiutare a rendere corretto il giudizio non le aveva comprese fino in fondo.

12.2   Conclusioni

Questo libro, che seppur contiene alcune opinioni soggettive, ha avuto l'obiettivo principale di dimostrare delle seguenti verità oggettive:

- La legge di scindibilità prevede che gli interessi siano capitalizzati in regime finanziario dell'interesse composto.

- Il calcolo della rata dei mutui alla "francese", effettuato in regime finanziario di interesse composto, sottostà alla legge di scindibilità capitalizzando gli interessi.

- L'interesse nei mutui alla "francese" è calcolato in regime finanziario di interesse composto.

- Il capitale residuo è calcolato anch'esso in regime finanziario di interesse composto.

- Tutti i mutui alla "francese" partono da un piano di ammortamento iniziale che presenta interessi anatocistici, anche quelli a tasso variabile.

Quindi, i mutui alla "francese" sono tutti illegali?

Si, in tutti i mutui alla "francese" sono presenti interessi anatocistici che, sia per le leggi italiane che per quelle di altre nazioni, non dovrebbero essere dovuti al creditore.

Se avessimo scritto all'inizio del libro che tutti i mutui, presenti sul mercato e proposti dagli istituti di credito, sono illegali in Italia dal 1943, avreste chiuso il libro dopo 30 secondi.

Ora, arrivati al termine, dopo aver ragionato insieme e dopo aver fornito in maniera adamantina[96] e palese le dimostrazioni della presenza dell'anatocismo in tutti i mutui, lasciamo al lettore la scelta di cosa pensare e di cosa scegliere di fare, anche non agire è una scelta…

Aristotele, in merito alle singole azioni eccellenti che ci portano a risultati finali eccellenti, affermava: "Siamo ciò che facciamo ripetutamente. Pertanto l'eccellenza non è un'azione bensì un'abitudine".

---

[96] http://www.treccani.it/vocabolario/adamantino/

L'affermazione di Aristotele è una verità di vita assoluta; ma se le cose non vanno come ci aspettiamo?

Allora possiamo ragionare su quello che diceva Einstein: "Se fai sempre le stesse cose, otterrai sempre gli stessi risultati. Se vuoi risultati differenti, devi fare cose differenti", DEVI AGIRE!

State pensando a quanti sono i mutui accesi fin dal 1943 da cittadini, aziende ed enti pubblici? Quanti sono gli interessi anatocistici non dovuti?

State pensando che anche nelle cartelle esattoriali[97] che ci manda Equitalia spa sono presenti interessi anatocistici? E che questi interessi dovrebbero essere restituiti?

Vi ricordate la Grecia? Forse, vi sta balenando in testa che gli interessi, pagati dalle nazioni e dai propri cittadini alle Banche, per il debito pubblico sono illegali?

Fino a ieri, i lettori erano lontani dalla conoscenza, tutti potevano far finta di niente, ma ora che tutti conoscono la verità sulla prassi bancaria, sui mutui illegali, diventati *standard de facto*, molto probabilmente per i legislatori sarebbe più comodo cambiare la legge legalizzando anche gli

---

[97] Nella seduta del Consiglio dei Ministri Italiano il 22 settembre 2015 ha approvato definitivamente i decreti delegati di riforma del sistema tributario, estendendo anche alle cartelle esattoriali il divieto dell'anatocismo.

interessi anatocistici illegali, perché come diceva Richelieu: "Fare una legge e non farla rispettare equivale ad autorizzare la cosa che si vuole proibire."

Sebbene, dovremmo considerare che, come diceva Montesquieu,: "Vi sono leggi che il legislatore ha compreso tanto poco che nell'applicarle risultano contrarie allo scopo stesso che egli si è prefisso."

Tuttavia, come affermava Marco Tullio Cicerone[98] "Cuiusvis hominis est errare: nullius nisi insipientis, in errore perseverare"!

Smetti di soffrire, Smetti di essere vittima.

Diventa l'avversario!

---

[98] https://it.wikipedia.org/wiki/Marco_Tullio_Cicerone

Formule Segrete del modello matematico alla francese

Rata k indice che va da 1 a n	$R = \dfrac{C*i}{1-(1+i)^{-n}}$ $R_k = C_k*(1+i)^{n-k+1}$ $R = c_1*(1+i)^n$	**Importo prestito**	$C = c1*[1+(1+i)+(1+i)^2+..+(1+i)^{n-1}]$
Prima quota capitale	$c_1 = \dfrac{R}{(1+i)^n}$	**Quote capitali successive alla prima e Rata**	$C_k = c_1*(1+i)^{k-1}$
Interesse periodale	i=TAN/p p=12 per rate mensili p=4 per rate trimestrali p=3 per rate quadrimestrali p=2 per rate semestrali	**Interesse rateale**	$I_k = R - C_k$ $I_k = c1*i*\sum\limits_{n}^{H-1}(1+i)$ $H=k$

Anatocismo nei mutui: Le Formule Segrete

Debito residuo dopo aver pagato la rata k-1 k indice che varia da 1,...,n	$$Cr_{k-1} = c1 * \sum_{H=k}^{n} (1+i)^{H-1}$$
Interesse trasformato in quota capitale e pagato 2 volte	$$I_C = c1*i*\sum_{H=1}^{n-1} (1+i)^{H-1}$$ $$I_C = C*i - c1*i*(1+i)^{n-1}$$

Esempio di applicazione del modello

numero Rate trimestrali	n=40	indice k	k indice che varia da 1,...,n
Importo prestito ovvero capitale C da restituire	€46.481,12	Interesse annuo TAN	(10%)
Rata	€1.851,63	Interesse periodale Trimestrale	$i=0,1/4=0,025$

Sviluppo del piano di ammortamento sviluppato

N. rate	Capitale	Quota interesse	Quota capitale	Debito residuo	Rata	
1	€ 46.481,12	€ 1.162,03	€ 689,60	€ 45.791,52	€ 1.851,63	40
2	€ 45.791,52	€ 1.144,79	€ 706,84	€ 45.084,68	€ 1.851,63	39
3	€ 45.084,68	€ 1.127,12	€ 724,51	€ 44.360,16	€ 1.851,63	38
4	€ 44.360,16	€ 1.109,00	€ 742,63	€ 43.617,54	€ 1.851,63	37
5	€ 43.617,54	€ 1.090,44	€ 761,19	€ 42.856,35	€ 1.851,63	36
6	€ 42.856,35	€ 1.071,41	€ 780,22	€ 42.076,12	€ 1.851,63	35
7	€ 42.076,12	€ 1.051,90	€ 799,73	€ 41.276,40	€ 1.851,63	34
8	€ 41.276,40	€ 1.031,91	€ 819,72	€ 40.456,68	€ 1.851,63	33
9	€ 40.456,68	€ 1.011,42	€ 840,21	€ 39.616,46	€ 1.851,63	32
10	€ 39.616,46	€ 990,41	€ 861,22	€ 38.755,25	€ 1.851,63	31
11	€ 38.755,25	€ 968,88	€ 882,75	€ 37.872,50	€ 1.851,63	30
12	€ 37.872,50	€ 946,81	€ 904,82	€ 36.967,68	€ 1.851,63	29
13	€ 36.967,68	€ 924,19	€ 927,44	€ 36.040,24	€ 1.851,63	28
14	€ 36.040,24	€ 901,01	€ 950,62	€ 35.089,62	€ 1.851,63	27

Anatocismo nei mutui: Le Formule Segrete

15	€ 35.089,62	€ 877,24	€ 974,39	€ 34.115,23	€ 1.851,63	26
16	€ 34.115,23	€ 852,88	€ 998,75	€ 33.116,48	€ 1.851,63	25
17	€ 33.116,48	€ 827,91	€ 1.023,72	€ 32.092,76	€ 1.851,63	24
18	€ 32.092,76	€ 802,32	€ 1.049,31	€ 31.043,45	€ 1.851,63	23
19	€ 31.043,45	€ 776,09	€ 1.075,54	€ 29.967,91	€ 1.851,63	22
20	€ 29.967,91	€ 749,20	€ 1.102,43	€ 28.865,47	€ 1.851,63	21
21	€ 28.865,47	€ 721,64	€ 1.129,99	€ 27.735,48	€ 1.851,63	20
22	€ 27.735,48	€ 693,39	€ 1.158,24	€ 26.577,24	€ 1.851,63	19
23	€ 26.577,24	€ 664,43	€ 1.187,20	€ 25.390,04	€ 1.851,63	18
24	€ 25.390,04	€ 634,75	€ 1.216,88	€ 24.173,16	€ 1.851,63	17
25	€ 24.173,16	€ 604,33	€ 1.247,30	€ 22.925,86	€ 1.851,63	16
26	€ 22.925,86	€ 573,15	€ 1.278,48	€ 21.647,37	€ 1.851,63	15
27	€ 21.647,37	€ 541,18	€ 1.310,45	€ 20.336,93	€ 1.851,63	14
28	€ 20.336,93	€ 508,42	€ 1.343,21	€ 18.993,72	€ 1.851,63	13
29	€ 18.993,72	€ 474,84	€ 1.376,79	€ 17.616,93	€ 1.851,63	12
30	€ 17.616,93	€ 440,42	€ 1.411,21	€ 16.205,73	€ 1.851,63	11
31	€ 16.205,73	€ 405,14	€ 1.446,49	€ 14.759,24	€ 1.851,63	10
32	€ 14.759,24	€ 368,98	€ 1.482,65	€ 13.276,59	€ 1.851,63	9
33	€ 13.276,59	€ 331,91	€ 1.519,72	€ 11.756,88	€ 1.851,63	8

Anatocismo nei mutui: Le Formule Segrete

34	€ 11.756,88	€ 293,92	€ 1.557,71	€ 10.199,17	€ 1.851,63	7
35	€ 10.199,17	€ 254,98	€ 1.596,65	€ 8.602,52	€ 1.851,63	6
36	€ 8.602,52	€ 215,06	€ 1.636,57	€ 6.965,95	€ 1.851,63	5
37	€ 6.965,95	€ 174,15	€ 1.677,48	€ 5.288,47	€ 1.851,63	4
38	€ 5.288,47	€ 132,21	€ 1.719,42	€ 3.569,05	€ 1.851,63	3
39	€ 3.569,05	€ 89,23	€ 1.762,40	€ 1.806,47	€ 1.851,63	2
40	€ 1.806,47	€ 45,16	€ 1.806,47	€ 0,00	€ 1.851,63	1
	Totali	*€ 27.584,19*	*€ 46.481,12*		*€ 74.065,31*	

Anatocismo nell'ammortamento alla tedesca

Nel piano di ammortamento alla tedesca l'interesse di rata è anticipato ed il piano di ammortamento prevede una ulteriore rata iniziale di soli interessi senza quota capitale; mentre l'ultima rata prevede la restituzione della sola quota capitale pari alla rata e senza interessi. Tutto quello che abbiamo detto per le formule del piano di ammortamento alla francese valgono anche per quello alla tedesca a rata fissa con attualizzazione degli interessi di rata.

Formule Segrete del modello matematico ammortamento tedesco

Rata	$R = \dfrac{C*i}{1-(1+i)^{-n}}\ (1+i)^{-1}$ $R_k = C_k*(1+i)^{n-k}$ $R = c_1*(1+i)^{n-1}$	Importo prestito	$C = c1*[1+(1+i)+(1+i)^2+..+(1+i)^{n-1}]$
k indice che va da 1 a n			
Prima quota capitale	$c_1 = \dfrac{R}{(1+i)^{n-1}}$	Quote capitali successive alla prima rata	$C_k = c_1*(1+i)^{k-1}$
Interesse	$i=TAN/p$	Interesse	$I_k = R-C_k$

Anatocismo nei mutui: Le Formule Segrete

	periodale	rateale
	p=12 per rate mensili p=4 per rate trimestrali p=3 per rate quadrimestrali p=2 per rate semestrali	$I_0 = C*i*(1+i)^{-1}$ $I_k = c1*i* \displaystyle\sum_{H=k}^{n-1}(1+i)^{H-1}$ k=0,1,...,n-1
Debito residuo dopo aver pagato la rata k-1 k indice che varia da 1,...,n	$Cr_{k-1} = c1* \displaystyle\sum_{H=k}^{n}(1+i)^{H-1}$	**Interesse trasformato in quota capitale e pagato 2 volte** $I_C = c1*i* \displaystyle\sum_{H=1}^{n-1}(1+i)^{H-1}$ $I_C = C*i - c1*i*(1+i)^{n-1}$

Esempio di applicazione del modello tedesco

numero Rate trimestrali	n=40	**indice k**	k indice che varia da 1,...,n
Importo prestito ovvero capitale C da restituire	€46.481,12	**Interesse annuo TAN**	(10%)
Rata	€ 1.806,47	**Interesse periodale**	i=0,1/4=0,025

Sviluppo del piano di ammortamento sviluppato

N. rate	**Capitale**	**Quota interesse**	**Quota capitale**	**Debito residuo**	**Rata**	
0	€ 46.481,12	€ 1.162,03	€ 0,00	€ 46.481,12	€ 1.162,03	41
1	€ 46.481,12	€ 1.116,87	€ 689,60	€ 45.791,52	€ 1.806,47	40
2	€ 45.791,52	€ 1.099,63	€ 706,84	€ 45.084,67	€ 1.806,47	39
3	€ 45.084,67	€ 1.081,95	€ 724,52	€ 44.360,15	€ 1.806,47	38
4	€ 44.360,15	€ 1.063,84	€ 742,63	€ 43.617,53	€ 1.806,47	37

Anatocismo nei mutui: Le Formule Segrete

5	€ 43.617,53	€ 1.045,28	€ 761,19	€ 42.856,33	€ 1.806,47	36
6	€ 42.856,33	€ 1.026,25	€ 780,22	€ 42.076,11	€ 1.806,47	35
7	€ 42.076,11	€ 1.006,74	€ 799,73	€ 41.276,38	€ 1.806,47	34
8	€ 41.276,38	€ 986,75	€ 819,72	€ 40.456,65	€ 1.806,47	33
9	€ 40.456,65	€ 966,25	€ 840,22	€ 39.616,44	€ 1.806,47	32
10	€ 39.616,44	€ 945,25	€ 861,22	€ 38.755,21	€ 1.806,47	31
11	€ 38.755,21	€ 923,72	€ 882,75	€ 37.872,46	€ 1.806,47	30
12	€ 37.872,46	€ 901,65	€ 904,82	€ 36.967,64	€ 1.806,47	29
13	€ 36.967,64	€ 879,03	€ 927,44	€ 36.040,20	€ 1.806,47	28
14	€ 36.040,20	€ 855,84	€ 950,63	€ 35.089,57	€ 1.806,47	27
15	€ 35.089,57	€ 832,08	€ 974,39	€ 34.115,18	€ 1.806,47	26
16	€ 34.115,18	€ 807,72	€ 998,75	€ 33.116,43	€ 1.806,47	25
17	€ 33.116,43	€ 782,75	€ 1.023,72	€ 32.092,70	€ 1.806,47	24
18	€ 32.092,70	€ 757,16	€ 1.049,32	€ 31.043,39	€ 1.806,47	23
19	€ 31.043,39	€ 730,92	€ 1.075,55	€ 29.967,84	€ 1.806,47	22
20	€ 29.967,84	€ 704,03	€ 1.102,44	€ 28.865,40	€ 1.806,47	21
21	€ 28.865,40	€ 676,47	€ 1.130,00	€ 27.735,41	€ 1.806,47	20
22	€ 27.735,41	€ 648,22	€ 1.158,25	€ 26.577,16	€ 1.806,47	19
23	€ 26.577,16	€ 619,27	€ 1.187,20	€ 25.389,95	€ 1.806,47	18

Anatocismo nei mutui: Le Formule Segrete

24	€ 25.389,95	€ 589,59	€ 1.216,88	€ 24.173,07	€ 1.806,47	17
25	€ 24.173,07	€ 559,16	€ 1.247,31	€ 22.925,76	€ 1.806,47	16
26	€ 22.925,76	€ 527,98	€ 1.278,49	€ 21.647,28	€ 1.806,47	15
27	€ 21.647,28	€ 496,02	€ 1.310,45	€ 20.336,82	€ 1.806,47	14
28	€ 20.336,82	€ 463,26	€ 1.343,21	€ 18.993,61	€ 1.806,47	13
29	€ 18.993,61	€ 429,68	€ 1.376,79	€ 17.616,82	€ 1.806,47	12
30	€ 17.616,82	€ 395,26	€ 1.411,21	€ 16.205,61	€ 1.806,47	11
31	€ 16.205,61	€ 359,98	€ 1.446,49	€ 14.759,12	€ 1.806,47	10
32	€ 14.759,12	€ 323,82	€ 1.482,65	€ 13.276,46	€ 1.806,47	9
33	€ 13.276,46	€ 286,75	€ 1.519,72	€ 11.756,74	€ 1.806,47	8
34	€ 11.756,74	€ 248,76	€ 1.557,71	€ 10.199,03	€ 1.806,47	7
35	€ 10.199,03	€ 209,81	€ 1.596,66	€ 8.602,37	€ 1.806,47	6
36	€ 8.602,37	€ 169,90	€ 1.636,57	€ 6.965,79	€ 1.806,47	5
37	€ 6.965,79	€ 128,98	€ 1.677,49	€ 5.288,31	€ 1.806,47	4
38	€ 5.288,31	€ 87,05	€ 1.719,43	€ 3.568,88	€ 1.806,47	3
39	€ 3.568,88	€ 44,06	€ 1.762,41	€ 1.806,47	€ 1.806,47	2
40	€ 1.806,47	€ 0,00	€ 1.806,47	€ 0,00	€ 1.806,47	1
Totali		*€ 26.911,40*	*€ 46.481,12*		*€ 73.392,52*	

Anatocismo nei mutui: Le Formule Segrete

Tabella riepilogativa presenza Anatocismo nei codici civili in EU

Stato membro	Interesse contrattuale permesso se convenuto in anticipo	Interesse di default permesso	Permesso dopo la procedura giudiziale
Austria	Si	No (no more than the debt)	Si
Belgium	No		Si (agreement; 1 anno)
Bulgaria	si (solo credito bancario, no credito privato)		Si
Cyprus	Si (ma solo due volte l'anno)		
Czech Rep	No	No	No
Denmark	No		
Estonia	Si		

Anatocismo nei mutui: Le Formule Segrete

Tabella riepilogativa presenza Anatocismo nei codici civili in EU

Stato membro	Interesse contrattuale permesso se convenuto in anticipo	Interesse di default permesso	Permesso dopo la procedura giudiziale
Finland	No		
France	Si	Si	Si (decisione giudiziale o accettazione; 1 anno)
Germany	No (eccetto per conto corrente)	No (ma non effettivo)	Si
Greece	No		
Hungary	Si		
Ireland	Si		
Italy	No	Si (se accettato a 6 mesi)	Si (se accettato a 6 mesi)
Latvia	Si (ma solo dopo un anno)		

Anatocismo nei mutui: Le Formule Segrete

Tabella riepilogativa presenza Anatocismo nei codici civili in EU

Stato membro	Interesse contrattuale permesso se convenuto in anticipo	Interesse di default permesso	Permesso dopo la procedura giudiziale
Lithuania	Si (se accettato e non contrario good faith)		
Luxembourg	Si (ma solo per un anno; eccetto per il conto corrente)		
Malta	No (ma eccetto se per uso commerciale e solo per un anno)		
Netherlands	Si (ma solo limitato al Massimo interesse)		
Poland	No	No	Si

Tabella riepilogativa presenza Anatocismo nei codici civili in EU

Stato membro	Interesse contrattuale permesso se convenuto in anticipo	Interesse di default permesso	Permesso dopo la procedura giudiziale
Portugal	No	Si (se accettato dopo il default e per un anno)	Si (per un anno)
Romania	No		
Slovakia	Si		
Slovenia	No (ma gli interessi a più alto tasso sono permessi)		Si
Spain	No		
Sweden	Si		
UK	Si		